Michael Streck

Beruf: AnwaltAnwältin

Beruf: AnwaltAnwältin

von

Dr. Michael Streck
Rechtsanwalt und Fachanwalt für Steuerrecht in Köln

2., völlig überarbeitete Auflage

Verlag C. H. Beck München 2011

Verlag C. H. Beck im Internet:
beck.de

ISBN 978 3406 61333 3

Wilhelmstraße 9, 80801 München
Druck: Nomos Verlagsgesellschaft
In den Lissen 12, 76547 Sinzheim

Satz: Fotosatz H. Buck,
Zweikirchener Str. 7, 84036 Kumhausen

Gedruckt auf säurefreiem, alterungsbeständigem Papier
(hergestellt aus chlorfrei gebleichtem Zellstoff)

Inhalt

Autor und Buch

Ich gebe hier keinen Zustands-, keinen Ist-Bericht. Dies ist ein anwaltlicher Text. Anwälte und Anwältinnen suchen stets das eine zu bestätigen, das andere zu verändern. Alles, was real da ist, ist für die Anwaltsprofession zugleich im Fluss. Zur Veränderung benötigen sie Maßstäbe. Das macht jede Ist-Beschreibung zugleich zu einer Soll-Beschreibung. Ich schreibe über unseren Beruf, beschreibe ihn und will ihn so, wie ich ihn beschreibe.

Den ersten Teil sollte man einfach lesen. Keine Anmerkung, keine Belegführung hindert die Lektüre. Wer Materialien, Nachweise und Belege sucht, findet sie – auch kommentiert – im zweiten Teil.

Ich habe die erste Auflage dieses Buchs während meiner DAV-Präsidentschaft (1998–2003) geschrieben. Was folgt sind jedoch keine DAV-Ansichten. Sicher ist aber, dass die fruchtbaren Erfahrungen dieses Amts diese Schrift geprägt haben. Mit der zweiten Auflage habe ich die Texte und Ansichten überprüft, die Sachverhalte aktualisiert, den den Leser und die Leserin ansprechenden und einbindenden Stil beibehalten.

Zunächst wollte ich den Titel:

Anwalt Anwältin
Passion Profession

Der Verlag hatte Einwände, die zu dem jetzigen Titel führten. Die ursprüngliche Überschrift prägt das Buch und erklärt seinen Schluss.

Was ist der Anwalt die Anwältin?

In allen Staaten dieser Erde gibt es Anwälte. Diktaturen mögen sie nicht, halten sie aber „pro forma“, oft um den Schein zu wahren. Europäische Anwälte verstehen sich schnell untereinander. Es scheint, dass es eine verbindende Basis gibt. Oft steht man voller Erstaunen vor dem Gebaren US-amerikanischer Anwälte und Anwältinnen. Gibt es auch hier einen gemeinsamen Nenner? Anwältinnen und Anwälte werden rund um den Globus höchst unterschiedlich ausgebildet. Die Tore zum Anwaltsberuf sind in einigen Ländern weit geöffnet, in anderen Ländern mit Schlüsseln versehen, die nur wenigen Auserlesenen ausgehändigt werden.

Der CCBE, die Organisation der Europäischen Anwaltschaft, steht immer wieder vor der Frage, welche gemeinsamen Anwaltsinteressen sie gegenüber den europäischen Institutionen wahren kann. Gehört hierzu die Vertraulichkeit? Gehört hierzu das Verbot, sich mit Wirtschaftsprüfern zu assoziieren? Wann darf sich ein Anwalt in einem anderen Land niederlassen und seine Dienstleistung anbieten? Starke Anwalts-Nationen drängen mit dem Anspruch in andere Länder, dort in vollem Umfang Rechtsberatung durchführen zu wollen. In der EU, den Staaten des Europäischen Wirtschaftsraums und der Schweiz kann jede Rechtsanwältin, jeder Rechtsanwalt in jedem anderen Staat ein Büro eröffnen und seinem Beruf nachgehen. Unter welchen Bedingungen kann es ein Staat zulassen, dass die Anwältin oder der Anwalt eines anderen Landes im eigenen Land auch zum eigenen Recht berät?

Unter welchen Bedingungen sind der ausländische Anwalt, die ausländische Anwältin Rechtsanwalt oder Rechtsanwältin im Sinn unserer Vorstellungen?

Was aber sind unsere Vorstellungen von der Anwaltsprofession? Was ist der Anwalt die Anwältin in der Bundesrepublik?

Er ist Anwalt in einer Kleinstadt in Ostwestfalen. Vor zwei Jahren ist er eine Sozietät mit einem jüngeren Kollegen eingegangen, der seine Praxis übernehmen soll. Sein Sohn wollte die Praxis des Vaters nicht; das war zuviel an Arbeit; nein danke. In seiner Stadt ist er angesehen, oder heute richtiger, er hatte einmal die angesehene Praxis. Er spürt: Da hat sich etwas verändert. Früher gab es drei Anwaltspraxen, heute gibt es zwölf. Die jungen Anwälte und Anwältinnen denken anders; sie scheinen aggressiver; vielleicht ist das aber nur sein Alter. Das Gesellschaftliche verbindet nicht mehr. Er hat den Vorsitz im örtlichen Anwaltverein inne, stellt aber fest, dass die jüngeren Kollegen die Mitgliedschaft meiden. Das Standesrecht, das Anstand und Tugend vermittelte, hat ihm das Bundesverfassungsgericht unter den Füßen weggezogen. Er war gewohnt, den Mandanten zum Termin zu bestellen. Er will partout nicht zu dem Metzgermeister hingehen und auch keinen Termin mit ihm „vereinbaren". Er fragt sich:

Was ist mit meinem Beruf geschehen? Was verbindet ihn noch mit den anderen Anwältinnen und Anwälten?

Sie ist Partnerin in einer der größten deutschen Sozietäten, verbunden mit englischen, französischen, amerikanischen Sozietäten, spricht mehrere Sprachen, hat alle Hürden genommen, die sich einer Frau stellen, und arbeitet wie ihre männlichen Kollegen. Sie folgt der Kleiderordnung. Durchweg Kostüme, gedeckte Farben, Blazer und Rock, Hosenanzug. Sie bemerkt auch die Uniformierung der Kollegen: Anzug, am besten zweireiig, getöntes Hemd, Krawatte, italienische Schuhe, Aktenkoffer, gleichgültig, ob notwendig oder nicht. Als Markenzeichen trägt man den Namen der Sozietät wie der Mercedes-Verkäufer den Mercedes-Stern. Man lässt einfließen, dass man die börsennotierte A-AG ebenso vertritt wie den bekannten Medienstar B oder das Land C. Die Mandate glänzen wie das Dollarzeichen im Auge. Im Übrigen folgert man eine vorsichtig getragene Arroganz aus dem Renommee der Kanzlei. Das hindert nicht, im Geheimen den Loyalitätsbruch zu planen; man überlegt immer wieder, sich selbständig zu machen. Sie, unsere Partnerin, geht auch auf Distanz, will sich trennen, Angebote mit Übergangsgeldern – wie bei Fußballern – anderer großer Sozietäten liegen vor. Sie fragt sich:

> Was ist das für eine Profession, der ich mich verschrieben habe? Was verbindet mich mit den Kolleginnen und Kollegen?

Er ist Einzelanwalt in einer kleinen Stadt, eher einem Dorf, eine Dorfgröße, die von bestimmten Dörflern gerne konsultiert wird, wenn es hart und deftig zugehen soll. Er kann um Schlägereien, Nachbarschaftsstreitigkeiten, Ehekonflikte Prozesse führen, schimpfen, schreien, unflätig werden. Es gibt Mandanten, die finden ihn toll. Er macht sich keine Gedanken über seinen Beruf. Man kann ihm nicht absprechen, im Einzelfall ein guter Anwalt zu sein, weil er seinem Gegenüber einfach den Atem raubt, ihn in der Aktion lähmt, wenn dieser sich fragt:

> Was verbindet mich mit diesem Kollegen, der spricht, was ich nicht zu denken wage?

Er ist Fachanwalt für Familienrecht und Internetfreak. Seine anwaltliche Leistung bietet er über Ebay an.

Wie das? Ist das noch ein Kollege, der seine Leistungen versteigert?

Sie war „höhere“ Beamtin in der Zollverwaltung, hat sich selbständig gemacht. Sie ist heute Spezialistin für Zollrecht, Zollanwältin. Den Job kann sie aus einem kleinen Büro fernab von großen Städten ausüben. Natürlich muss sie zu den Hauptzollämtern hin. Sie muss in kleinen, unsauberen Dienstzimmern mit Beamten des gehobenen, mittleren Dienstes reden können, nahezu ohne juristische Begriffe. Vor ihr liegt die Beitrittserklärung zu einem örtlichen Anwaltverein.

Soll ich hier beitreten? Was habe ich mit diesen Vereinsmitgliedern gemein?

Er hat das zweite Staatsexamen mit ausreichend absolviert. Er wollte immer Anwalt werden. Anwalt war seine Leidenschaft. Bereits als Student hat er in einer Praxis gearbeitet; auch als Referendar hat er sich mehr auf die Nebentätigkeit als Anwalt, denn auf seinen Beruf konzentriert. Und nun dieses Examen. Er weiß, bei jeder Bewerbung werden die „Ausreichenden“ fast automatisch aussortiert. Was hilft seine Lust auf diesen Beruf? Was hilft die Tätigkeit während der Studenten- und Referendarzeit? In der Kanzlei, in der er zuletzt gearbeitet hat, war kein Platz frei. Die Post kommt; ein Brief eben dieser Praxis. Der Senior schreibt: Wir ändern unsere Pläne; Sie überzeugen uns, Sie können bei uns anfangen.

Warum dieses Angebot? Was fasziniert an diesem Juristen?

Sie hat blendende Examina. Richterin zu werden ist ihr Traumberuf. Die Türen stehen offen; so scheint es. Aber sie hat ein kleines Problem: Ihr Mann habilitiert sich an der Universität einer norddeutschen Kleinstadt, und nur dort kann und will sie Richterin werden. Aber nicht nur dort hat die Justiz die Tore geschlossen, gerade dort auch für die besseren Juristen. Aus der

Traum. Die Verwaltung ist auch zu. Also wird sie Anwältin. Allein wegen der Examina findet sie eine Stelle. Sie ist eine gute Juristin, aber eine kritische. Sie fragt sich:

> Ist das okay? Was soll ich in einem Beruf, den ich eigentlich nie wollte und nicht kenne?

Er ist politischer Verwaltungsbeamter und verliert seine Stelle nach einer für ihn verlorenen Wahl. Was wird aus ihm? Er schaut sich um; eigentlich will ihn keiner. Also wird er Anwalt. Er war Verwaltungsbeamter. Er hat die „Befähigung zum Richteramt". Deshalb hat er einen Rechtsanspruch darauf, Anwalt zu werden.

> Was ist das für ein Beruf, den man auszuüben das Recht hat, weil man die Befähigung zu einem anderen Beruf hat?

Gespräche unter Kollegen vor der Kammerversammlung. Rechtsanwalt K. erzählt von sich. Er hat sich sofort nach seinem zweiten Staatsexamen selbständig gemacht. Natürlich reicht das Aufkommen der Praxis zunächst nicht für Frau und Kind. Er habe nicht geschlafen und einen schönen Zusatzerwerb gefunden: Jeden Morgen von 7.00 Uhr bis 11.00 Uhr trage er im Stadtviertel als angestellter Zusteller die Briefe der Post AG aus. Damit könne er seinen Start finanzieren. Das Bundesverfassungsgericht erlaube das Nebeneinander der Berufe. Zudem habe ihm diese Situation einen wunderbaren juristischen Fall gebracht. Gesicht und Augen zeigen Vergnügen; man weiß nicht, ob es Begeisterung, ob es der Schalk ist. Denn niemand könne ihm jetzt sagen, wie seine Tätigkeit für die Post zu qualifizieren ist. Die vertraulichen Mitteilungen der Hausfrauen gebe er natürlich nicht an seinen Arbeitgeber weiter; da sei das Anwaltsgeheimnis vor. Seine Vorgesetzten behaupten demgegenüber permanent, sie würden Postdienstleistungen anbieten und keine Erstberatung. Aber das hätte man sich überlegen sollen, als man ihn, den Anwalt, einstellte. Natürlich sei auch die Versicherung bei der BfA falsch. Das Austragen von Briefen gebe viel Zeit zum Nachdenken und setze Kreativität frei. Ein solcher Berufsstart sei einfach umwerfend … Die zuhörenden Kollegen wissen nicht, ob sie an ihrem Beruf verzweifeln oder sich von der sichtbaren Berufs-Lust dieses jungen Kollegen anstecken lassen sollen. Die Kammerversammlung beginnt: Zum Entsetzen einer knappen Hälfte, eben aber einer knappen, wird 20 Minuten später der erste Briefträger in den Kammervorstand gewählt.

Unser Anwaltskollege hat zwei Examina und ist als Anwalt zugelassen. Er ist Postbote. Die Kammer sagt: Er ist Anwalt und folglich Zwangsmitglied; er gehört in das Versorgungswerk. Die Bundesversicherungsanstalt für Angestellte sagt: Er hat kein Befreiungsrecht, da er tatsächlich nicht Anwalt ist. Der Strafrichter überlegt, ob sich dieser Anwalt hinsichtlich der Frage, wen er mit Post beliefert habe, auf ein Aussageverweigerungsrecht berufen kann. Und der Vorstand des Anwaltvereins brütet über dem Problem, ob in Zukunft Postboten zu Kammerpräsidenten gewählt werden können. Jeder fragt:

Wer ist Anwalt? Was macht die Anwältin aus?

Sie hat mit dem Jurastudium begonnen und will Rechtsanwältin werden. Er hat mit dem Jurastudium begonnen und hört nun von allen Seiten, mit großer statistischer Wahrscheinlichkeit wird er Anwalt werden müssen. Sie hat eine Vorstellung vom Rechtsanwaltsberuf und denkt darüber nach, ob diese Vorstellungen wohl richtig sind. Er möchte um den Beruf wissen, den man ihm als Muss vorschreibt.

Die gleiche Frage.

Rechtsanwälte und Rechtsanwältinnen genießen nach wie vor ein hohes Ansehen in der Gesellschaft. Wenn man Statistiken glauben darf, belegten sie einmal den Rang zwei nach dem

Arzt und vor dem Pfarrer; heute wird man etwas tiefer eingeordnet. Wer ein Problem hat, das nur irgendeinen rechtlichen Bezug zu haben scheint, sucht einen Anwalt. In der kommunikativen Auseinandersetzung hat das Argument seinen festen Platz, ich komme mit meinem Anwalt, oder besser: meinen Anwälten. Und auch dann, wenn man eigentlich in der eigenen Umgebung „Winkelanwälte", kennen lernt, wenn einem die „Ekelpakete" ständig über den Weg laufen, so ändert das nichts an dem Glauben, dass durch das Dickicht unserer sozialen Normen nur Rechtsanwältinnen und Rechtsanwälte finden, dass nur sie Garanten für die Durchsetzung unserer eigenen Interessen sind.

Natürlich will man mit seinen Ansprüchen zu Gericht, natürlich will man eigentlich immer bis zum Bundesverfassungsgericht. Aber dies nur mit Anwälten. Anwältinnen kennen das Recht, die Rechtsdurchsetzung, alle Kniffe und Tricks. Anwälte befreien von der Wehrpflicht, von Steuern und von dem Ehepartner, sie wehren den Nachbarn, die Gläubiger, die Kunden, die aufmüpfigen Kinder ab. Anwälte planen Fusionen, begleiten Unternehmensverkäufe, entwerfen Gesetzbücher für junge Staaten. Anwältinnen und Anwälte retteten Clinton vor der Absetzung.

Was begründet die Faszination für diese Profession?

Was begründet Anwältinnen und Anwälte ihre Faszination für ihre Profession?

Das ist die Anwältin der Anwalt

BerufsRecht BerufsGesetz

Ausgehend von der Profession der Juristen könnte erwartet werden, dass das, was eine Rechtsanwältin, was ein Rechtsanwalt ist, in ihrem Berufsrecht, in ihren Professionsgesetzen umschrieben wird.

Der Erste Teil der Bundesrechtsanwaltsordnung, der sich „Der Rechtsanwalt" überschreibt, lautet:

> „§ 1. Stellung des Rechtsanwalts in der Rechtspflege.
>
> Der Rechtsanwalt ist ein unabhängiges Organ der Rechtspflege.
>
> § 2. Beruf des Rechtsanwalts.
>
> (1) Der Rechtsanwalt übt einen freien Beruf aus.
>
> (2) Seine Tätigkeit ist kein Gewerbe.
>
> § 3. Recht zu Beratung und Vertretung.
>
> (1) Der Rechtsanwalt ist der berufene unabhängige Berater und Vertreter in allen Rechtsangelegenheiten.
>
> (2) Sein Recht, in Rechtsangelegenheiten aller Art vor Gerichten, Schiedsgerichten oder Behörden aufzutreten, kann nur durch ein Bundesgesetz beschränkt werden.
>
> (3) Jedermann hat im Rahmen der gesetzlichen Vorschriften das Recht, sich in Rechtsangelegenheiten aller Art durch

einen Rechtsanwalt seiner Wahl beraten und vor Gerichten, Schiedsgerichten oder Behörden vertreten zu lassen."

Schon die zum Gesetzestext gehörenden Überschriften der Paragraphen belegen, dass es hier nicht um die Definition des Rechtsanwalts, der Rechtsanwältin geht. Allenfalls die Aussage, dass er oder sie der berufene und unabhängige Berater und Vertreter in allen Rechtsangelegenheiten ist, nähert uns dem Inhalt dieser Profession. Genau genommen setzt sie jedoch den Rechtsanwalt bereits voraus und gibt ihm einen Rechtsanspruch zur Beratung. Mehr erfahren wir nicht.

Der Erste Teil der Berufsordnung für Rechtsanwälte überschreibt sich „Freiheit der Berufsausübung", signalisiert damit, dass auch hier keine Inhaltsbeschreibung der Profession zu finden ist. Die Vorschrift lautet:

„§ 1 Freiheit der Advokatur

(1) Der Rechtsanwalt übt seinen Beruf frei, selbstbestimmt und unreglementiert aus, soweit Gesetz oder Berufsordnung ihn nicht besonders verpflichten.

(2) Die Freiheitsrechte des Rechtsanwalts gewährleisten die Teilhabe des Bürgers am Recht. Seine Tätigkeit dient der Verwirklichung des Rechtsstaats.

(3) Als unabhängiger Berater und Vertreter in allen Rechtsangelegenheiten hat der Rechtsanwalt seine Mandanten vor Rechtsverlusten zu schützen, rechtsgestaltend, konfliktvermeidend und streitschlichtend zu begleiten, vor Fehlentscheidungen durch Gerichte und Behörden zu bewahren und gegen verfassungswidrige Beeinträchtigungen und staatliche Machtüberschreitung zu sichern."

Abgesehen davon, dass die Überschrift enger ist als der Satzungstext, geht nur der Absatz Drei zur Beschreibung des

Anwalts einen Schritt weiter als die Bundesrechtsanwaltsordnung. Hier wird die Beratung und Vertretung in allen Rechtsangelegenheiten aufgeschlüsselt. Eine Definition kann dies nicht sein, schon gar nicht eine ausschließliche. Außerdem ist sie von einer merkwürdigen Passivität geprägt, die eher den behäbigen ruhigen Anwalt im Blick hat, als die Anwältin, die um das Recht ihres Mandanten kämpft.

Zwei Dinge können wir aus den rechtlichen Umschreibungen als sicher mitnehmen: Offenbar reicht es nicht, Rechtsanwältin oder Rechtsanwalt zu sein, wenn man nach den §§ 4 ff. BRAO zum Rechtsanwalt zugelassen ist. Der zugelassene Anwalt, der kein „unabhängiger Berater und Vertreter" seines Mandanten ist, also gegen § 3 Abs. 1 BRAO verstößt, ist allenfalls formell, aber nicht in substantieller und materieller Hinsicht Rechtsanwalt. Umgekehrt ist nur die Anwältin Rechtsanwältin, die nach der BRAO zur Rechtsanwaltschaft zugelassen ist. Der Zugang zur „reglementierten" Profession ist notwendig, mag auch § 1 Abs. 1 der Berufsordnung von dem „selbstbestimmten" und „unreglementierten" Beruf sprechen. Der Berater, der sich wie ein Rechtsanwalt verhält, ist gleichwohl kein Rechtsanwalt, weil er bestimmte Qualitätsmerkmale, die nur aus der Reglementierung hergeleitet werden können, nicht vorweisen kann (zB das Aussageverweigerungsrecht).

§ 1 Abs. 2 Satz 1 Partnerschaftsgesellschaftsgesetz lautet: „Die Freien Berufe haben im allgemeinen auf der Grundlage besonderer beruflicher Qualifikation oder schöpferischer Begabung die persönliche, eigenverantwortliche und fachlich unabhängige Erbringung von Dienstleistungen höherer Art im Interesse der Auftraggeber und der Allgemeinheit zum Inhalt." Diese alle freien Berufe erfassende Definition muss notwendig allgemein sein. Sie bringt nicht mehr als die Konkretisierung in der Bundesrechtsanwaltsordnung und der Berufsordnung. Die „schöpferische Begabung" und die „Dienstleistungen höherer

Art“ sind schwer mit Konturen zu versehen. Der Anwalt muss nicht im Interesse „der Allgemeinheit“ handeln. Die Definition bringt uns nicht in befriedigender Weise weiter.

Die oben (S. 7 f.) gestellte Frage, welche Rechtsanwältin Mitglied eines Versorgungswerks sein kann und welchem Rechtsanwalt das Befreiungsrecht von der Bundesversicherungsanstalt für Arbeit zusteht, ist damit noch nicht beantwortet. Diese Frage soll hier offen bleiben. Denn es kann sehr wohl sein, dass sich diese Frage nach formellen Kriterien, also der einfachen Zulassung bei einer Rechtsanwaltskammer, entscheidet, und nicht nach den materiellen Bedingungen des Anwaltsberufs. Denn es ist schwer vorstellbar, dass es der Bundesversicherungsanstalt für Arbeit gestattet sein soll, in jedem Fall eine Individualprüfung dahingehend vorzunehmen, ob jemand „eigentlich“ Anwältin oder Anwalt ist.

Interessenvertreter

Anwältin und Anwalt sind Berater und Vertreter des Mandanten. Sie nehmen sich seiner Anliegen und Bedürfnisse an. Der Anwalt ist „Fürsprecher“ des Mandanten. Die Anwältin verwaltet die anvertrauten Interessen des Mandanten. Der Anwaltsberuf ist die Profession zur Interessenvertretung des Mandanten.

Darüber besteht ein nahezu vollständiges Einvernehmen. Allerdings will sich so recht keiner eindeutig dazu bekennen. Die §§ 1 bis 3 BRAO und § 1 BORA kennen die Interessenwahrung nicht. Nur mit Mühe gelingt es, die Interessenvertretung unter die einleitenden Paragraphen der BRAO und BORA zu subsumieren. Die Berufsordnung stößt erst in § 3 zum Thema der widerstreitenden Interessen auf den Begriff des Interesses.

Interessenvertreter zu sein ist offenbar nicht ganz gesellschaftsfähig. Gleiches gilt für die Aussage, der Anwalt ist Parteivertreter. Die mitschwingende Parteilichkeit gibt genug negative Obertöne, um auch dieses Wort tunlichst zu meiden.

Interessenvertretung heißt: Einen für den Mandanten optimalen Kaufvertrag, ein für den Mandanten optimales steuerliches Ergebnis, ein für den Mandanten optimales strafrechtliches Ergebnis zu erzielen. Die Definition des Interesses ist allerdings bereits anwaltliche Arbeit. Interesse ist nicht a priori das, was der Mandant will. Es geht um die Festlegung des „objektiven" Interesses, um die anwaltliche Zielvorgabe, die dem von dem Anwalt erkannten Interesse standhält. Versuchen wir, diese Tätigkeit in § 1 BORA unterzubringen. Der Rechtsanwalt hat seinen Mandanten vor Rechtsverlusten zu schützen. Das ist eine merkwürdige Umkehr anwaltlicher Ziele. Der Mandant erwartet nicht die Vermeidung von Verlusten, sondern Rechtsgewinne. Die Profession der Anwaltschaft soll den Mandanten rechtsgestaltend begleiten. Eine vornehme Begleitung ist dies, die sich offenbar wenig darum kümmert, wohin der Weg geht. Fast scheint die Berufsordnung zu vergessen, dass das Interesse des Mandanten im Vertrag durchgesetzt werden soll.

Konflikt vermeiden und Streit schlichten sind die Aufgaben des Anwalts nach der Berufsordnung. Der Zeitgeist der Justizreformen – weniger Streit zur Kostensparung – hat die Formulierung infiziert. Streitschlichtung und Konfliktvermeidung will der Anwalt nur dann, wenn dies dem Interesse des Mandanten nützt. Andernfalls ist der Rechtsstreit das vom Recht gewollte unbedingt notwendige Mittel. Vielleicht sollten wir von Zeit zu Zeit lesen, was Rudolf von Ihering in „Der Kampf ums Recht" vor mehr als 100 Jahren schrieb: „Alles Recht in der Welt ist erstritten worden, jeder Rechtssatz, der da gilt, hat erst denen, die sich ihm widersetzen, abgerungen werden müssen, und jedes Recht, das Recht eines Volkes, wie das eines einzelnen, setzt die stetige Bereitschaft zu seiner Behauptung voraus. Das Recht ist nicht bloße Theorie, sondern lebendige Kraft. Darum führt die Gerechtigkeit, die in der einen Hand die Waagschale hält, mit der sie das Recht abwägt, in der anderen das Schwert, mit dem sie es behauptet. Das Schwert ohne die Waage ist die nackte Gewalt, die Waage ohne das Schwert die Ohnmacht des Rechts. Beide gehören zusammen, und ein vollkommener Rechtszustand herrscht nur da, wo die Kraft, mit der die Gerechtigkeit das Schwert führt, der Geschicklichkeit gleichkommt, mit der sie die Waage handhabt.". ... „Mit der Verletzung des Rechts tritt an jeden Berechtigten die Frage heran: ob er es behaupten, dem Gegner Widerstand leisten, also kämpfen, oder ob er, um dem zu entgehen, es im Stich lassen soll; den Entschluss nimmt ihm niemand ab." Richtig: Diesen Entschluss nimmt ihm niemand ab; das sind Lebensentscheidungen. Die passiven Formulierungen des § 1 BORA lehnen sich an die Rechtsprechung des Bundesverfassungsgerichts an, obwohl ein Beschluss vom 8.3.1983 gerade den „Kampf um das Recht" ausdrücklich hervorhebt.

Anwältinnen und Anwälte in der Diktatur, in der Despotie: Wollen wir ihren Beruf wirklich in erster Linie dahingehend umschreiben, dass sie „konfliktvermeidend und streitschlichtend" ihren Mandanten begleiten? Ich will keinen Streit um des Streites willen, und auf meinem beruflichen Gebiet ist mir die Verständigung mit der Finanzverwaltung immer ein höchst attraktives Ziel. In dem heutigen Zeitgeist nehmen jedoch der Anspruch auf Konfliktvermeidung, Streitschlichtung und Mediation einen Stellenwert ein, der ihnen in der Relation zum Rechtsstreit nicht gebührt. Ich werde den Verdacht nicht los, dass wir den Justizministerinnen und Justizministern und ihren Entlastungsgesetzen höchst elegant auf den Leim gegangen sind.

Lesen wir weiter in § 1 Abs. 1 BORA. Die Anwaltschaft soll Fehlentscheidungen der Gerichte vermeiden. Auch hier wieder der merkwürdig passive Blick. Anwältinnen und Anwälte wollen gewinnen. Sie sollen das richtige Urteil des Gerichts garantieren. Sie sind nicht nur passive Verteidiger, sondern auch Rechts-Angreifer.

Was soll dieses schlechte Gewissen vor der Interessenvertretung? Seitdem es Recht und Richter gibt, gibt es den Rechtsstreit zwischen zwei aufeinander prallenden Interessen. Der Interessenwiderspruch gebiert Recht, Richter und Urteil. Der Richter wäre von heute auf morgen arbeitslos, gäbe es nicht Klage, Anspruch, Forderung, Gestaltungswille, alles Formen des Aufbegehrens des Interesses. Und auch Konfliktvermeidung, Streitschlichtung und Mediation gelingen nur, wenn die Interessen analysiert, formuliert und zu einer Verständigung verbunden werden. Hier geht es nicht um das Interesse der Mächtigen; diese bedürfen oft nicht einer Person, eines Fürsprechers, sondern gerade auch um das Interesse der Kleinen und Nicht-Mächtigen, deren Interesse unter die Räder kommt, finden sie nicht die Anwältin, den Anwalt, die ihre Interessen wahrnehmen und durchsetzen.

Wir müssen uns vorbehaltlos zur Funktion der Interessenwahrung bekennen. Nur dann sind wir in der Lage, weitere Kennzeichnungen dieser Funktion als Qualitätsmerkmal dem Mandanten anzubieten, die nur unsere Profession hat. Wir bieten als Anwalt die Ausschließlichkeit der Interessenvertretung an. Wir bieten als Anwältin das strafrechtlich bewährte Verbot an, in der gleichen Sache gegenläufige und widerstreitende Interessen zu vertreten. Wir befreien den Mandanten von der Entscheidung, von dem Druck, uns zu erlauben, auch die gegenläufigen Interessen im Auge zu behalten. Von dem Gebot der Ausschließlichkeit der Interessenwahrung kann der Mandant nicht befreien. Der Wirtschaftsprüfer, der Steuerberater können sich insoweit befreien lassen. Was als ergänzende Freiheit positiv scheint, ist tatsächlich ein Minus, ein Mangel.

Unsere Reflexion und Rede über den Anwalt wird von der Kritik an zu hohem Pathos (Verurteilung der §§ 1 bis 3 BRAO) einerseits und von der Vermeidung eindeutig nüchterner Aussagen (Vorsicht vor Interessengebundenheit) hin und her getrieben. Eine ein wenig pathetische Metaphorik tut jedoch durchaus ihren guten Dienst. Das unverzichtbare Verbot, die widerstreitenden Interessen, die Interessen des Gegners in einer Sache zu vertreten, erlaubt dem Mandanten, sich unbesorgt an die Schulter des Anwalts zu lehnen, der Anwältin unbesorgt sein Herz zu öffnen, ihnen zu vertrauen. Diese Vertrauensbahn ist Einbahnstraße; Geisterfahrer handeln rechtswidrig. Da Wirtschaftsprüfer und Steuerberater entpflichtet werden können, ist das Straßengeschehen von vornherein unübersichtlicher; wer will schon den rechtswidrigen Geisterfahrer von dem erlaubt handelnden Entgegenfahrenden unterscheiden?

Vertrauen und Verschwiegenheit

Die Ehefrau geht zu einer Anwältin, weil sie glaubt, sie mit ihrer Scheidungssache betrauen zu können. Der Handwerker betraut seinen Anwalt mit einem Zivilprozess. Beide trauen sich, der Anwältin, dem Anwalt eine Sache anzuvertrauen, die für sie selbst sehr wichtig ist, sogar existenziell sein kann. Ehefrau und Handwerkermeister verlassen nach dem ersten Gespräch ihren Anwalt und überlegen und bedenken noch lange im Nachhinein, ob sie ihm vertrauen können. Sie kommen zu dem Ergebnis: Ja, dieser Anwältin kann ich vertrauen. Das Vertrauensverhältnis ist geschaffen.

Vertrauensverhältnisse sind asymmetrisch. Das Vertrauen geht vom Mandanten zum Anwalt, von einer individuellen, existenziellen, einzigartigen Situation hin zu einer professionellen Routinehandlung. Es ist die Profession des Anwalts, mit diesem Vertrauen umzugehen. Es ist ein Schatz, den die Anwältin in der Hand hat. Verletzt sie das Vertrauen, ist der Mandant verletzt, vielleicht das Mandatsverhältnis beendet und dem Ruf der Profession geschadet. Vertrauensverhältnisse zu verletzen hinterlässt bei dem Vertrauenden tiefe Spuren. Zwar mag es auch ein Vertrauen des Anwalts in den Mandanten geben. Verletzungen sind jedoch durchweg gravierender bei dem Mandanten als bei der Anwältin.

Weil ich meinem Anwalt vertraue, öffne ich mich ihm. Ich gebe ihm Informationen, die ich ansonsten keinem geben würde. Weil ich der Steueranwältin vertraue, gebe ich ihr einen vollen Einblick in meine finanziellen Verhältnisse, offenbare hochbrisante Betriebsgeheimnisse. Man vertraut auf die Verschwiegenheit des Anwalts. Grundlage des Vertrauensverhältnisses ist die selbstverständliche Erwartung, dass der Anwalt das ihm Anvertraute nicht ohne die eigene Zustimmung herausgibt. Dass er absolut und sicher verschwiegen ist. Das Recht honoriert diese Erwartung. „Der Rechtsanwalt ist zur Verschwiegenheit verpflichtet. Diese Pflicht bezieht sich auf alles, was ihm in Ausübung seines Berufes bekanntgeworden ist." (§ 43 a Abs. 2 Sätze 1 und 2 BRAO). „Der Rechtsanwalt ist zur Verschwiegenheit berechtigt und verpflichtet." (§ 2 Abs. 1 BORA).

Das Recht geht noch einen Schritt weiter. Es sanktioniert die Verletzung. Der Verstoß gegen die Verschwiegenheitspflicht ist nicht nur ein berufsrechtlicher Verstoß, sondern strafrechtliches Unrecht (§ 203 Abs. 1 Nr. 3 StGB). Das Recht honoriert die Verschwiegenheit. Es gewährt dem Anwalt Aussageverweigerungsrechte und Beschlagnahmeprivilegien (in der StPO zB § 97 Abs. 1 Nr. 1, 2, § 53 Abs. 1 Nr. 3).

Vertrauensverhältnis, Verschwiegenheit, vom Recht sanktioniertes und belohntes Schweigen: Das sind Markenzeichen der Anwaltschaft, die heute zu unverzichtbaren Auszeichnungen des Berufs gehören. Würden hier Trivialitäten geschützt, könnte man diese Qualitäten übergehen. Das Schweigerecht wird aber immer dann gewichtig und relevant, wenn andere, die Mehrheit, das populistische Empfinden, die Offenbarung fordern. Der Ganove, der sich offenbart, der Ehepartner, der weitere Verhältnisse und Kindschaften offenbart, mitteilt, der Steuerzahler, der sich in der Selbstanzeigeberatung offenbart, sie alle begeben sich in den Schutz der Verschwiegenheit, wohl wissend, dass diese Verschwiegenheit mit Offenbarungserwartungen kollidiert. Hier muss das Vertrauen seine Bewährungsprobe bestehen.

Es ist daher verräterisch, wenn gerade ähnliche Extremsituationen in der Diskussion dazu herhalten müssen, den Wert des Schweigerechts herabzusetzen; es sind umgekehrt ebendiese Extremsituationen, in denen es standhalten muss. Geschwätz und Trivialinformationen, an denen keiner Interesse hat, das Schweigerecht zu messen, stufen das Vertrauensverhältnis in die Belanglosigkeit hinab.

Die Profession der Anwaltschaft bietet Vertrauensverhältnis und höchstmöglich garantierte Verschwiegenheit, eine Verschwiegenheit, die das Recht will, die das Recht fordert und sanktioniert und die nichts mit dem Schweigerecht krimineller Vereinigungen zu tun hat. Vertrauensverhältnis und Verschwiegenheit sind hoch dekorierte Rechtsgüter des Anwaltsberufs. Es erstaunt, dass die Anwaltschaft hiermit nicht offensiver umgeht. Sie bietet die Rechtsberatung am Markt an, sie bietet die Prozessführung am Markt an, sie bietet alles Mögliche am Markt an, selten findet man aber das gezielte Angebot des anwaltlichen Vertrauensverhältnisses. Große und kleine Unternehmen planen einen Unternehmensverkauf, eine

Fusion, den Gang an die Börse. Unternehmensberater, Banken und Finanzstrategen bieten sich als Generalunternehmer an, die das Projekt steuern, leiten und lenken. Es sind diese Projektsteuerer, die sich das Recht vorbehalten, Anwälte, Steuerberater und Wirtschaftsprüfer einzusetzen. Der Projektsteuerer kann die Verschwiegenheit der Anwaltsprofession dem Mandanten nicht garantieren. Er kann sie nur, so wie eben geschildert, im letzten Glied der Kette einkaufen. Liegt das Generalmanagement in der Hand eines Anwalts und setzt er andere Berufe in den jeweils eigenen Sparten ein, betritt die gesetzlich hoch angesiedelte Verschwiegenheit in der ersten Stufe bereits das Projekt. Am höchsten Punkt kann entschieden werden, welche Informationen an welche Subunternehmer weitergegeben werden.

Viele Anwälte wissen nicht um den Wert dieses Qualitätsmerkmals. Ich unterhalte mich mit einem Anwalt. Es geht um das mögliche Projekt eines Anwaltvereins, eine Fortbildungsveranstaltung zum Wert der Verschwiegenheit. Zwei Stunden rede ich mit dem Kollegen. Gegen Ende habe ich den Mut, ihn darauf hinzuweisen, dass er in diesen zwei Stunden mir sechs seiner Mandate namentlich benannt hat. Dies auf dem Hintergrund des geplanten Seminars. Er staunt, zögert, überlegt und erwidert: Ich hätte Recht. Offenbar sei die Sensibilität hinsichtlich der Verschwiegenheit in erster Linie bei Strafrechts- und Skandalmandaten ausgeprägt, im Wirtschaftsrecht verkümmert. Recht scheint er zu haben, schaut man sich in der Zeitschrift Juve die Berichterstattung darüber an, welche Praxis wen bei welcher Fusion, bei welchem Unternehmenskauf, bei welcher Umgestaltung beraten habe. Mir haben so viele Anwälte berichtet, sie hätten Daimler-Chrysler (als es diesen Verbund noch gab) in einer Steuerfahndungssache beraten, dass es mir fast wie ein Markenzeichen vorkommt, zu betonen, ich wäre nicht beratend tätig gewesen. Ein junger

Jurist, soeben Anwalt, angestellt in der Niederlassung einer deutschen Sozietät im Ausland, erzählt mir „privat", weil die Familien befreundet sind, voller Stolz, welche Unternehmen er betreue. Mit einiger Härte weise ich ihn auf die Verletzung der Verschwiegenheitspflicht hin. Fast aggressiv wehrt er ab. Diese hänge doch völlig davon ab, wo man berichte. Offenbar ist für ihn der Freundschafts- und Privatbereich eine Erlaubnis zum Plaudern.

Die Erlaubnis des Redens über Mandate, über das Renommieren mit Mandanten wird dadurch gerechtfertigt, dies täten alle. Wenn alle rechtswidrig handeln, wird die Sache nicht rechtens. Es wird gesagt, man könne nicht anders, um am Wettbewerb teilzunehmen. Was ist das für ein Wettbewerb, der eines der kennzeichnenden Qualitätsgüter der Anwaltschaft verspielt? Es wird gesagt, der Mandant sei einverstanden. Die Berufsordnung sagt, dass der Anwalt ein Recht zur Verschwiegenheit hat, nicht nur eine Pflicht. Nicht alles, was der Mandant erlaubt, muss geschehen. Und wenn hier der Anwaltsberuf Schaden nimmt, so sollte man sehr wohl überlegen, ob man, wenn auch erlaubt, offenbart. Oder aber man beruft sich auf § 43 a Abs. 2 Satz 3 BRAO, wonach die Verschwiegenheit nicht für Tatsachen gilt, die offenkundig sind oder ihrer Bedeutung nach keiner Geheimhaltung bedürfen. Beide Tatbestände treffen in der Regel nicht zu, es sei denn, man presst diesen Satz dahin, wohin man ihn haben will. Im Übrigen: Wer sich mit Mandaten schmückt, signalisiert jedem neuen Mandanten, wenn es passt, gebe ich auch mit dir an. Gute Werbung, gutes Marketing?

Fast zur Heuchelei wird die Verschwiegenheit dort, wo sie innerhalb einer Sozietät Anwalt gegen Anwältin, Anwältin gegen Anwalt, Anwalt gegen Wirtschaftsprüfer, Wirtschaftsprüfer gegen Steuerberater gewahrt werden muss. Wirtschaftsprüfer und Steuerberater können von dem Verbot, widerstreitende Interessen zu wahren, befreit werden. Also kann die Großsozietät beim Unternehmenskauf durch ihre Wirtschaftsprüfer sowohl den Käufer als auch den Verkäufer beraten. Das Gebot der Verschwiegenheit wird dadurch gewahrt, dass man vorgibt, in der Sozietät Wände des Schweigens zu errichten; chinesische Wände, chinese walls nennt man so etwas. Mir ist bis heute nicht klar, ob diese chinesische Wand wie die Chinesische Mauer eine besondere Festigkeit und Undurchlässigkeit dokumentieren oder ob sie aus dünnem chinesischen Papier bestehen soll, die sich jeder Sprachschwingung öffnet. Da auch die Chinesische Mauer heute niemand mehr abschreckt, kann man das Bild drehen wie man will, es ist eine Heuchelei.

Unabhängigkeit

Die Unabhängigkeit der Anwältin und des Anwalts gehört zu den wichtigsten, schwierigsten und widersprüchlichsten Qualitätsmerkmalen unserer Profession.

Mein mich prägender Anwaltslehrer war Günter Felix (1929-1997). Was die Unabhängigkeit anbetrifft, wurde sein Credo die Grundlage meiner Berufsausübung: Unabhängigkeit ist unser höchstes Gut. Keine Abhängigkeit vom Staat, keine Abhängigkeit vom Mandanten. Dieser kauft unsere Unabhängigkeit, auch wenn sie sich gegen ihn richtet. Sind wir gewinnmäßig aus dem Gründungskampf heraus, ist das entscheidende Attribut des Anwaltsgewinns die Unabhängigkeit. – Ich werde versuchen, das im Einzelnen noch zu erklären.

§ 1 BRAO betont, dass der Rechtsanwalt unabhängiges Organ der Rechtspflege sei. § 43 a Abs. 1 BRAO sagt: „Der Rechtsanwalt darf keine Bindung eingehen, die seine berufliche Unabhängigkeit gefährdet.“ Nach § 2 BRAO übt der Rechtsanwalt einen freien Beruf aus. Damit nicht genug, wiederholt § 3

Abs. 1 BRAO noch einmal, dass der Rechtsanwalt der berufene unabhängige Berater und Vertreter in allen Rechtsangelegenheiten sei. Die Beschwörung der Unabhängigkeit nimmt in § 1 der BORA ihren Fortgang: Der Rechtsanwalt übt seinen Beruf frei, selbstbestimmt und unreglementiert aus. Seine Freiheitsrechte gewährleisten die Teilhabe des Bürgers am Recht. Und noch einmal: Er ist der unabhängige Berater und Vertreter seiner Mandanten in allen Rechtsangelegenheiten. Die ständige Wiederholung macht uns nicht klüger. Erklärt wird die Unabhängigkeit nicht.

Die Unabhängigkeit ist die Abwehr der Abhängigkeit vom Staat, von der Gesellschaft, von der wirtschaftlichen Existenz sowie von Mandanten und anderen Personen. So liest man es in Texten der Kommentare zu anwaltlicher Unabhängigkeit.

Die Freiheit der Advokatur – Überschrift des § 1 BORA – gibt dem Anwalt kein spezifisches Freiheitsrecht, das nicht jede Bürgerin und jeder Bürger in unserer Grundrechtsordnung hat. Gleichwohl gehört sie betont. Es ist nun einmal Pflicht und Aufgabe der Anwältin, unbotmäßig, unbequem zu sein, in Frage zu stellen, Verfahren aufrecht zu erhalten, frech, halsstarrig und widerborstig zu sein. Folglich versucht durch alle Zeiten der Staat, den Anwalt in die Zügel zu nehmen, ihm den Maulkorb zu verpassen, ihn mit Geboten und Verboten zu reglementieren. In dem demokratischen Rechtsstaat hat sich der Anwaltsberuf davon befreit; er ist frei, frei zur Unbequemlichkeit, frei zum Widerspruch. Materiell hat er damit aber nicht mehr Freiheit als jeder Bürger auch.

Anwalt oder Anwältin müssen wirtschaftlich unabhängig sein, liest man. Ich muss dies relativieren. Die Forderung kann nicht ernstlich bedeuten, dass der Anwalt nicht nur aus dem natürlichen Gewinnstreben erfolgreich sein muss, sondern dass die Bundesrechtsanwaltsordnung es als spezifische Anwaltspflicht statuiert, wirtschaftlich satt und gewinnträchtig zu sein. Impulse freier und unabhängiger Anwaltstätigkeit kamen häufig gerade von denen, die nicht durch Honorarvolumen abgesichert und abgefedert sind und denen § 5 BORA, wonach der Rechtsanwalt verpflichtet ist, die für seine Berufsausübung erforderlichen sachlichen, personellen, organisatorischen Voraussetzungen vorzuhalten, stets als ziemlich arrogante Forderung vorkam. Anwälte, die für Kommunisten gegen den Naziterror auftraten, Anwältinnen gegen die SED-Diktatur, Anwälte in der RAF-Verteidigung, Anwältinnen im Asylbereich, Anwälte der Opfer politischer Gewalt dürften kaum ihre Unabhängigkeit und Freiheit von einem staatlich gesicherten Wohlstand abgeleitet haben. Aber umgekehrt: Der unerhört erfolgreiche Rechtsanwalt, der zu den Dienstleistern der Vorstandsetagen zählt und dem jede Rechnung – sprich: Honorarnote – bezahlt wird, trägt das Diadem der Unabhängigkeit? Ein guter Gewinn fördert die Unabhängigkeit. Das ist jedoch nicht die Unabhängigkeit, die zu dem Substrat des Anwaltsberufs gehört. Diese hat mit der wirtschaftlichen Sicherheit nichts zu tun. Die Unabhängigkeit verlässt die Selbstverständlichkeit und die Beliebigkeit, wenn sie sich gegen den eigenen Mandanten richtet. Was eben noch harmonisch erschien, wird jetzt zu einem gavierenden Gewicht voller Spannung.

Die Ausschließlichkeit der Interessenwahrung des Mandanten ist – neben der Vertraulichkeit – die den Anwalt auszeichnende Verbindung zum Mandanten, aber damit zugleich die Eingriffsschneise des Mandanten in die Unabhängigkeit seiner Anwältin. Der Griff des Mandanten zur Seele, zum entscheidenden und wertenden Bewusstsein seines Anwalts, die Abwehr der Anwältin zur Sicherung ihrer Unabhängigkeit, die Meisterung dieser Antinomie kennzeichnet die gute anwaltliche Beratung. Zu sagen, der Mandant gibt das Problem, die Aufgabe vor, der Anwalt sei sodann in der Lösung und

Beantwortung frei und hier unabhängig, greift zu kurz. Denn es ist das gute Recht und die angemessene Erwartung des Mandanten, ständig in die anwaltliche Arbeit einzugreifen, sie in seinem Sinn zu beeinflussen; denn er ist der Auftraggeber, sein Anwalt der Auftragnehmer. Und es ist die beständige Leistung der anwaltlichen Arbeit, hier die Unabhängigkeit zu wahren, aus der Unabhängigkeit zu handeln, aber die Unabhängigkeit ständig den Forderungen und Erwartungen des Mandanten zu öffnen, sie an diesen zu messen, ohne nur ein einziges Mal die Unabhängigkeit in die Abhängigkeit gleiten zu lassen. Der Tanz um die unüberschreitbare Linie der Freiheit zur Abhängigkeit beflügelt Mandate, macht Kraft und Kreativität frei, und selbst Mandate, in denen der Tanz zum Kampf wird, sind die schlechtesten nicht, wenn das Mandat diese Kraftanstrengung aushält und nicht bricht. Bricht es, ist dem Mandat keine Träne nachzuweinen. Für jeden Anwalt, jede Anwältin ist der Sieg der Unabhängigkeit gegen den Griff zum anwaltlichen Ich auf Kosten des Mandats eine Investition in die Zukunft.

Die Wahrung der Unabhängigkeit ist mithin nichts Statisches, sondern etwas unerhört Dynamisches, das jeden Tag neu erkämpft, neu definiert, neu gerichtet werden muss. Unabhängigkeit erweist sich im Unabhängig-sein.

Wichtiges Machtmittel, allerdings nicht in jedem Fall das wichtigste, ist das Geld, die Honorarträchtigkeit des Mandats. Wer zahlt, bestimmt die Musik, wer zahlt, bestimmt oft auch die Grenze legalen Handelns. Wird hier zur Rettung der Unabhängigkeit das Mandat aufgelöst, kann das Investment in die Zukunft bitter in Euro und Cent berechnet werden. Und dennoch bleibt auch dies eine positive Zukunftsinvestition. Einmal einem Mandanten den kleinen Finger zu geben, ihm einmal zu erlauben, die Unabhängigkeit preiszugeben, vielleicht die Grenze des Legalen zu überschreiten, ist der schmale Riss im Staudamm, dem über kurz oder lang der Dammbruch folgt. Keinem Mandanten mehr als 5 % des eigenen Umsatzes zuzubilligen oder dafür zu sorgen, dass die Praxis immer mit so vielen Klein-Mandaten beschäftigt ist, dass der Verlust von Groß-Mandaten zwar Lücken reißt, aber die Existenz nicht bedroht, sind vorzügliche Ratschläge. Und ein Mandatsangebot zur Sicherung der Unabhängigkeit ablehnen zu können, gibt ein höchst befriedigendes Gefühl, frei und unabhängig zu sein.

In der anwaltlichen Unabhängigkeit liegt auch der Grund, dass Honorarzahlungen des Mandanten doch eine andere Qualität haben als Kundeneinnahmen im gewerblichen Betrieb. Der Gewerbetreibende kann sich zugunsten des Gewinns von einem Kunden abhängig machen. Hier fragt sich allenfalls, ob dies klug ist. Handelt der Anwalt ähnlich, verstößt er gegen das seine Profession auszeichnende Qualitätselement der Unabhängigkeit.

Unabhängigkeit, keinem Dritten, nicht dem Gegner verpflichtet zu sein, ist auch eine andere Seite der ausschließlichen Interessenwahrung für den Mandanten. Die Willfährigkeit dem Gegner gegenüber, weil dieser in einem Vergleichsgespräch signalisiert hat, beim Abschluss des Vergleichs die eigenen Anwaltskosten zu tragen, das Schielen nach einem Dritten, weil er ein künftiger Auftraggeber sein könnte, die empfundene und ausgesprochene Peinlichkeit, eine Prostituierte zu vertreten, weil dies den eigenen Praxiswert berührt (dies hätte man sich bei der Mandatsannahme überlegen können), die Berücksichtigung des Interesses des Arbeitgebers in der Verteidigung des Arbeitnehmers, weil ersterer die Vertretung bezahlt, die Rechtsvertretung eines politischen Parteifreundes aus der Raison der Partei sind alles tagtägliche Angriffe auf die Unabhängigkeit des handelnden Anwalts.

Das Gleiche gilt für die Beratung und Vertretung von Freunden und Familienangehörigen, eingeschränkt auch von Nachbarn, Sport- und Skatfreunden, Stammtisch- und Vereinsmitgliedern, denen man keine nüchterne Routine und keine realistische Beratung zu Erfolgsaussichten geben kann, denen man nicht Leistungen aus der Distanz erbringt, weil Freundschaft und Verwandtschaft die Sache zur eigenen macht, denen man keine unangenehmen Dinge sagen kann, sind deutlich spürbare Einschränkungen der Unabhängigkeit. Und wer sich in eigener Sache selbst vertritt, ist weder als Vertreter noch als Mandant unabhängig; es ist ein heilloses Abgleiten in die Unabhängigkeit.

Unabhängig sein in unserer Profession heißt:

Der Mandant vertraut mir seine Interessen an – ich arbeite mit vollem anwaltlichen Engagement, jedoch ohne ein besonderes persönliches Interesse.

Der Mandant gibt mir sein existenzielles Anliegen – ich übernehme es in meine anwaltliche Routine, die nach den Regeln der anwaltlichen Profession abgewickelt wird (kein Chirurg kann bei einer Herzoperation das Skalpell ruhig führen, wenn er sich ständig die Todesbedrohung seines Patienten vorstellt).

Der Mandant fordert mich, will mich beeinflussen – ich stelle mich der Anforderung und wäge Tag für Tag die Kommunikation, um mein Handeln in der Unabhängigkeit zu optimieren.

Der Mandant bezahlt mich, beauftragt mich – auch dafür, jederzeit das Mandat zu beenden.

Es fällt auf Anhieb schwer, das Merkmal der Unabhängigkeit gleichermaßen auf den Einzelanwalt, die mittlere Sozietät oder die große internationale Sozietät anzuwenden. Und doch muss das so sein, nicht, weil die Bundesrechtsanwaltsordnung und die Berufsordnung hier nicht differenzieren, sondern weil es alle hier tätigen Anwältinnen und Anwälte auszeichnet. Jeder steht im Kampf um Unabhängigkeit und Abhängigkeit. Es mögen jeweils andere Abhängigkeiten sein. Bei den Großkanzleien gibt es die Abhängigkeit von den großen Mandaten. Wer ist hier Herr, wer ist hier Knecht? Bestimmen allein die Vorstände und Rechtsabteilungen der Konzerne A und B den Weg der Fusion, finden sie wie selbstverständlich die wohlfeilen Angebote, steuerhinterziehungsverdächtige Wege über Briefkastenfirmen zu gehen? Greifen die Konzerne nach den Seelen der Großsozietäten oder sind diese in der Lage, unabhängig Einfluss auf mächtige Mandanten zu nehmen, kann die Sozietät S noch den Konzern K vor die Türe setzen? Wer die Unabhängigkeit verspielt, sei er klein, sei er groß, verdient nicht mehr, Angehöriger unserer Profession, Anwältin oder Anwalt zu sein.

Berater und Vertreter in Rechtsangelegenheiten

Es mag befremden, dass ich zur Auszeichnung unserer Profession bisher noch nicht von der Rechtsberatung gesprochen habe, obwohl dies doch die wichtigste Kennzeichnung ist. Ich musste durch die Kriterien der ausschließlichen Interessenvertretung, des abgesicherten Vertrauensverhältnisses und der anwaltlichen Unabhängigkeit den Rahmen, das Gerüst schaffen, das die Rechtsberatung trägt. Jetzt ist sie mein Thema.

§ 3 Abs. 1 BRAO nennt den Rechtsanwalt den berufenen „unabhängigen Berater und Vertreter in allen Rechtsangelegenheiten". § 1 Abs. 3 BORA nimmt diesen Begriff auf. Mehr zur Konkretisierung gibt uns das Berufsrecht nicht.

Die Anwältin darf Anwalt sein, weil sie „die Befähigung zum Richteramt" hat (§ 4 BRAO). Gerade eben dies befähigt sie aber nicht zum Anwaltsberuf. Richten ist etwas anderes als beraten und vertreten. Die Tätigkeiten sind nicht beliebig austauschbar. Die juristische Arbeit ist nicht identisch. Zusammen formen sie die Rechtsordnung und Rechtspflege. Aber Teile, die zusammen ein Ganzes ergeben, sind in der Regel nicht gleich, sondern unterschiedlich.

Anlässlich des Besuchs einer Jubiläumsfeier bei einem örtlichen Anwaltsverein saß ich neben dem hier zuständigen Landgerichtspräsidenten. Wir kamen über die Funktion der Anwälte ins Gespräch. Er bedauerte den Werte- und Stilverfall. Das scheint eine Eigenart im Beruf und Alter fortgeschrittener Juristen zu sein. Ich fragte, was er meine. Anwälte seien heute aggressiver, nicht mehr dem gemeinsamen Ziel verpflichtet; sie seien fremder geworden. Man sei nicht mehr der gemeinsamen Wahrheitsfindung verpflichtet. Hier hakte ich ein, um unmissverständlich klarzustellen, dass es nicht die Funktion einer Anwältin oder eines Anwalts sei, irgendwo die objektive Wahrheit festzustellen. Man wirke an der Wahrheitsfindung mit. Man möge aber nicht die ureigenste Aufgabe des Richters dem Anwalt in die Akte legen. Ein Anwalt könne sehr gut damit leben, wenn sein schuldiger Mandant freigesprochen würde, wenn die unberechtigte Klage zugesprochen würde, sofern nur sein Verhalten justizkonform und rechtlich in Ordnung sei. Keine Anwältin, kein Anwalt ist für die Schwäche des Gegners und die Schwäche des Gerichts verantwortlich. Und als Anwalt des Beklagten sei es nicht meine Aufgabe, die Klage des gegnerischen Anwalts schlüssig zu machen. Der Landgerichtspräsident nahm dies mit sichtbarem Widerwillen hin und als weiteren Beleg für den von ihm gesehenen Niedergang der Rechtskultur.

Anwältinnen wollen Klagen zum Erfolg führen, Anwälte wollen dafür sorgen, dass Klagen abgewiesen werden. Sie drehen öffentlich-rechtliche Bescheide solange hin und her, bis sie die Angriffsflächen finden. Sie kämpfen dafür, das Interesse des Mandanten in Verträge umzusetzen. Sie kümmern sich um die Probleme des Mandanten, ohne danach zu fragen, ob diese Probleme der Rechtsordnung passen oder nicht. Sie wollen das Interesse des Mandanten durchsetzen. Sie wollen das Interesse des Mandanten bedienen. Das ist ihre Aufgabe in der Rechtsordnung. Und genau insoweit sind sie „ein unabhängiges Organ der Rechtspflege" (§ 1 BRAO). Handeln sie nicht so, verletzen sie Aufgabe und Funktion, die ihnen von der Rechtsordnung zugewiesen ist. Gerade im Zusammenspiel von Kläger, Beklagtem und Gericht, Staatsanwalt, Verteidiger und Gericht, These, Gegenthese und Synthese, von verhandelnden Anwälten bilden sie Recht und insofern rechte Entscheidungen und angemessene Verträge. Anwälte sind nicht allein für die Verwirklichung der Gerechtigkeit, für die Findung objektiver Wahrheiten da. Sie sind Teil des Rechtswesens, und mit dieser Teilhabe beeinflussen sie Gerechtigkeit und Wahrheitssuche und angemessene Verträge. Wenn die anderen Wirkungsursachen, die anderen Teile an diesem Geschehen versagen oder schwach sind, haben sie keine „Ersatzfunktion".

Gebe ich einem Referendar oder einem jungen Anwalt die Einspruchsentscheidung eines Finanzamts mit der Bitte zu prüfen, ob diese angreifbar ist oder schon die Klage zu begründen, so ist die Standardsituation voraussehbar. Nach einiger Zeit kommt er zurück, um mir mitzuteilen, es habe keinen Zweck, diese Einspruchsentscheidung anzugreifen. Sie sei in Ordnung. Hier spricht der ausgebildete Richter-Referendar, der zudem dazu erzogen wurde, den hoheitlichen Staatsakt a priori als etwas Richtiges anzusehen. Wir setzen uns zusammen und gehen die Einspruchsentscheidung durch, und zwar, nicht nur bildlich, sondern real, von der ersten Seite links oben bis zur letzten Seite rechts unten. Jedes Wort, jede Formalie wird daraufhin untersucht, ob sie angreifbar ist. Nichts wird von vornherein als richtig angesehen. Alles, insbesondere das scheinbar Selbstverständliche, wird hinterfragt. Und siehe da: Mit einmal wird die so unangreifbar hoheitlich anmutende Entscheidung zu einem brüchigen Etwas. Das mühevolle Aufarbeiten scheinbar unstreitiger Sachverhalte ist eine Quelle neuer erfolgversprechender Aspekte. Immer dann, wenn Mandant oder Gegner sagen, irgend etwas sei völlig klar und unstreitig, ist Anlass geboten, nachzuhaken.

Beratung und Vertretung in Rechtsangelegenheiten heißt auch, Gesetze anzuwenden, Gesetze auszulegen, nach Schwächen und Lücken der Gesetze zu suchen, um zu prüfen, ob diese dem Mandanten dienen können. Anwälte und Anwältinnen sind die erbarmungslosen Evaluierer und Überprüfer der Gesetze. Es ist nicht ihre Aufgabe, Gesetze zu verbessern, Fehler zu beseitigen, Gesetze positiv zu Ende zu denken. Für jede Entdeckung eines Schlupflochs, für jede Entdeckung einer Lücke, für jede Entdeckung einer Schwäche, für jede Falsifikation gebührt den Anwälten Dank. Dieses Handeln dient der Transparenz. Fehleraufdeckung ist immer besser als das Überziehen schlechter Gesetze mit der klebrigen Substanz falscher Qualitätsbekundungen.

Maßstab Gerechtigkeit und Berufsethos

Mir ist bewusst, dass bis zu diesem Punkt der Beschreibung anwaltlicher Tätigkeit ein Wertmaßstab des Handelns, eine moralische Qualität fehlt. Die hier handelnden Rechtsanwältinnen und Rechtsanwälte können auch Meister der Durchsetzung despotischer Ansprüche in Diktaturen sein, ohne dass sie eine Schranke spüren. Ein bisher fehlender ethischer Maßstab ist die Gerechtigkeit. Unsere Profession ist der Gerechtigkeit verpflichtet. Gerechtigkeit heißt, dass die Rechts- und Justizordnung, in welcher die Anwaltschaft tätig wird, wertende Gebote und Grenzen hat, die auch im Hinblick auf die Funktion des Anwalts als Interessenvertreter Gültigkeit haben. Es gibt nicht den Besuch der alten Dame Dürrenmatts, die schrankenlos mit Geld jeden Erfolg zu erreichen weiß, auch den Mord. Anwälte können nicht jedem Interesse ihre Hand reichen. Dass Anwältinnen ihre Existenz aufs Spiel setzen, um das Unrecht abzuwehren, habe ich an anderer Stelle erwähnt. Hier geht es mehr um die andere Seite der Medaille. Anwälte dürfen nicht blind um der Macht, um den Rausch der Größen wegen, um des Geldes wegen jedes Interesse rechtsberatend und verschwiegen und in Unabhängigkeit realisieren.

Die Metapher, dass der Anwalt der Gerechtigkeit dient, ist merkwürdig, befremdlich und falsch. Anwälte bezwecken und gestalten Gerechtigkeit. Wo bestimmt der Diener den Herrn, es sei denn, es sind merkwürdige und befremdliche Situationen.

Der Zweck der Gerechtigkeit tritt im Übrigen nicht neben die Interessenvertretung, Verschwiegenheit, Unabhängigkeit und Rechtsberatung, sondern gibt ebendiesen vier Merkmalen die ethische Richtung. Oder anders formuliert: Interessenvertretung, Verschwiegenheit, Unabhängigkeit und Rechtsberatung werden von dem Zweck der Gerechtigkeit durchtränkt.

In der Existenz und im Joch der Gewinnmaximierung ist der Maßstab der Gerechtigkeit der notwendigste und gefährdetste. Ohne den Gerechtigkeitsanspruch sind wir Techniker des Rechts, reine Money-Maker. Ohne diesen Anspruch verlieren wir eine entscheidende Kennzeichnung unseres Berufs. Auf dem DAV-Forum in Mainz 1998 hat Hellwig zu dem Thema „Der Anwalt zwischen Kommerzialisierung und Berufsethos" gesprochen. Ich zitiere aus dem Mitschnitt wörtlich eine Passage, in der er über eine Jahrestagung der Internationalen Bar Association im September 1998 sprach. „In der Diskussion nach den Statements der Podiumsteilnehmer stand ein alter Anwalt aus Jamaica auf. Schlank, groß gewachsen, tief schwarz die Haut, schlohweiß das Haar, eine beeindruckende Erscheinung.

Mit folgenden Worten: Shame on you. Sie verraten das Recht, sie sind nicht Rechtsanwälte, sondern Rechtskaufleute. Kaufleute, die ihre Rechtskenntnisse verkaufen wie eine beliebige Ware.“ Die Antwort des Sitzungsleiters zeigt, wieweit die Welten, die hier aufeinanderprallten, inhaltlich bereits voneinander entfernt sind. Er sagte nämlich: „Thank you for the voice from the wildernis.“ Ich habe gebuht, ich habe laut gebuht, was – ich bin seit vielen Jahre mehr oder weniger regelmäßig bei den Internationalen Bar Association Meetings – ich noch nie getan habe, aber da habe ich laut gebuht, habe damit das Buhen von einer Reihe von anderen Teilnehmern auslösen können. Ich fand es unmöglich. Aber es zeigt, deswegen bringe ich diesen Vorfall zum Eingang meines Referats, es zeigt, wieweit die Dinge hier bereits auseinander sind.“

§ 1 BRAO spricht von dem Rechtsanwalt als einem unabhängigen Organ der Rechtspflege. Es gehört zum guten Ton moderner, aufgeschlossener, liberaler Anwälte, sich über diese Vorschrift lustig zu machen, zumindest ihr einen eigenen Sinn abzusprechen. Wenn aber „Organ der Rechtspflege“ ausdrückt, dass wir der Gerechtigkeit verpflichtet sind, dann hat dieser § 1 BRAO einen unaufhebbaren, schweren Inhalt.

Seit etwa zehn Jahren legt sich über jede gewerbliche Profession eine „Ethik-Diskussion“. Aktiengesellschaften, Verbände, Geschäftsführer, Unternehmen fragen sich, müssen sich fragen lassen, ob ihr Handeln, ihr Gewinnstreben „ethischen Geboten“ genügt. Einer der Auslöser war die Gewinn- und Bonigier der Finanzbranche. Ich will hier keine Grundsatzdiskussion über wirtschaftliches Handeln und ethische Gebote (auch wenn alle von Ethik reden ist der richtige Begriff Ethos; denn dieses meint die Werte, die Ethik die Lehre vom Ethos) ausbreiten, sondern nur festhalten, dass es diesen Ruf nach Ethik gibt und auch die Anwaltschaft sich ihm stellen muss. Zu fragen ist, ob es neben und außerhalb gesetzlicher Normen wertende Ethiknormen gibt, die das Verhalten der Anwältin, des Anwalts bestimmen. Die BRAK hat hierzu einen Ausschuss gebildet. Der Berufsrechtsausschuss des DAV hat sich unter meiner Leitung mit diesen Themen befasst. Er hat Ende 2010 einen Abschlussbericht dem Vorstand des DAV vorgelegt: Keine Ethikrichtlinien, keine neuen Standesrichtlinien, aber eine ständige Diskussion und Kommunikation über problematische berufliche Fallgestaltungen die vielleicht allein mit den gesetzlichen Normen nicht zu lösen sind, sondern einer weiteren wertenden Kontrolle bedürfen.

Kontrolle und Evaluierung

Wie überall im menschlichen Leben sind Qualitätsmerkmale, Maßstäbe und Anforderungen nichts ohne Kontrolle, Evaluierung und Sanktionen. Wie wird der Kernbereich anwaltlicher Tätigkeit kontrolliert?

Das Sanktionssystem der Bundesrechtsanwaltsordnung in der Hand der Rechtsanwaltskammern reicht nicht aus. Richtig ist, dass die Furcht vor Kammermaßnahmen eine gewisse Disziplinierung herbeiführt, die jedoch den tatsächlichen Disziplinierungsmöglichkeiten der Rechtsanwaltskammern in keiner Weise entspricht. Rüge, Warnung und Verweis erreichen nur skrupelhafte Kollegen, zumal dann, wenn sich die Kollegen subjektiv im Recht fühlen. Die Geldbuße ist auf Euro 25.000,– beschränkt. Das partielle Arbeitsverbot und die Ausschließung aus der Rechtsanwaltschaft sind höchst selten eingesetzte Sanktionen, die das Tagesgeschäft nicht berühren. Hinzu kommt, dass die Qualitätsanforderungen auch nur in Teilen einer Sanktion zugänglich sind. Die Interessenvertretung wird nur dann verletzend, wenn widerstreitende Interessen vertreten werden. Die Verletzung der Unabhängigkeit ist regelmäßig nur schwer zu fassen. In der Art und Weise der Rechtsberatung delegiert sich das Berufsrecht an das Haftungsrecht.

Das Strafrecht kontrolliert die Anwaltsprofession einmal mit den allgemeinen Vorschriften, wie es auch andere Berufe kontrolliert und diszipliniert. § 203 StGB (Verletzung der Verschwiegenheit) und § 356 StGB (Parteiverrat) beziehen sich allerdings unmittelbar auf Kennzeichnungen des anwaltlichen Berufs.

Außerordentlich wirksam ist das Haftpflichtrecht. Die Haftpflichtgefahr bestimmt die Qualität der Rechtsberatung, aber auch die Intensität der Interessenvertretung, die Qualität der Verschwiegenheit und – auch hier schwerer zu fassend – die Unabhängigkeit.

Evaluierend und kontrollierend ist die Art der anwaltlichen Zusammenarbeit. Dem Einzelanwalt fehlt der interne Controller. Der Synergie-Effekt einer gut arbeitenden Sozietät liegt gerade auch im wechselseitigen Beobachten und Kontrollieren bzw. in dem wechselseitigen sich beobachtet und kontrolliert fühlen.

Schließlich ist der Wettbewerb ein gnadenloser Regulierer und Controller. Nur wer gut ist, nur der, der seine Qualität am Markt anbieten kann, wird den Erfolg haben, den er sich wünscht. Wer die Qualitätsmerkmale unserer Profession anbietet und realisiert, wird ein erfolgreicher Anwalt sein. Wer sie nicht anbietet, wer sie anbietet und die Qualität nicht einhält, wird vom Markt bestraft werden. An anderer Stelle in dieser Schrift fordere ich auf, gerade mit den Kennzeichnungen unserer Profession am Markt aufzutreten und zu werben. In der Kontrolle durch den Markt zeigt sich die andere Seite der Medaille. Werbung ist immer auch ein Angebot an die Kritik und an den Misserfolg. Das gilt auch für die Werbung mit Anwaltsqualitäten. Die Marktkontrolle ist ein wesentliches Argument für die Werbung durch unseren Beruf.

Weitere Kennzeichnungen des Anwalts der Anwältin

Notwendige Merkmale, typische Merkmale. Nachfolgend befasse ich mich mit Anwaltsbeschreibungen, die nicht das Herzstück der Anwaltsprofession betreffen, sondern die „in der Regel“ mit der Anwaltstätigkeit verknüpft sind.

Beratung

Der Anwalt ist Berater. Die Anwältin ist Beraterin. Was aber ist Beratung?

Ich vergesse nicht ein Erlebnis, das ich als junger Anwalt hatte. Ein 70-jähriger Mandant bat mich zu sich. Er öffnete das Gespräch mit dem Hinweis: Ich möchte nur, dass Sie mir jetzt eine Stunde zuhören. Ich finde niemand, der sich meine Probleme und das, was ich erlebt habe, anhört. Ich wurde ausschließlich für das Anhören bezahlt. Anhören ist im Beratungsgespräch nicht nur wichtig, um zu den nächsten nachfolgenden Stufen zu gelangen. Anhören hat einen Wert an sich. Anhören ist eine entgeltliche Leistung, die oft unterschätzt wird.

Beratung ist Ordnen und Sortieren der Überlegungen des Mandanten. Die eigenen Probleme geht jeder nicht nüchtern an. Ihr Überdenken ist ständig vermischt durch Ängste, Hoffnung und andere existenzielle Attribute. In eigenen Sachen kann man nicht „vernünftig“ denken. Hier braucht man die gliedernde Hand des Beraters. Er tut nichts, als das, was er unstrukturiert und unordentlich hört, in ein Gerüst, ein Gerippe, eine Ordnung zu bringen, wobei natürlich diese Ordnung bereits juristischen Kategorien folgt. Typisch ist das für die erbrechtliche Beratung. Erzählt der Mandant über die Probleme, ein Testament zu schreiben und sein Vermögen, sei es groß, sei es klein, auf seine vier Kinder aufzuteilen, so redet er durchweg zunächst „ein unordentliches Zeug", das sich aber mit der ordnenden Hand des Beraters gliedern und strukturieren lässt. Der Berater wird den eigentlichen Willen herausfinden und formulieren. Bereits das ist gute Beratung.

Ausgehend von seinen Fragen und Problemen hat der Mandant ein Bedürfnis, ganz konkrete juristische Informationen zu erhalten. Es geht ihm um einen Wissenstransfer. Wie ist die Rechtslage? Was kann ich machen? Auf den ersten Blick scheint es, als sei dies geradezu die typische Aufgabe des Anwalts. Ich glaube jedoch, bei der guten Anwältin tritt dieser Aspekt zurück. Die anderen hier erörterten Beratungsbereiche stehen weit mehr im Mittelpunkt. Das Vermitteln von Wissen, von Informationen und juristischem Know-how kann auch ein Nichtratgeber.

Der Berater gestaltet und führt Regie. Der Berater greift in die Überlegungen des Mandanten ein. Er setzt nicht nur den Willen des Mandanten in rechtliche Techniken um, sondern beeinflusst den Willen. Die Beraterin sagt, dass eine Erbeinsetzung nicht klug sei, dass eine Alternative optimaler sei. Der Berater drängt auf den Unternehmenskauf anstelle die Aufnahme eines Gesellschafters. Der Berater beeinflusst die Auswahl eines der vier Kinder als Unternehmensnachfolger. Die Intensität eines solchen Eingriffs in die Entscheidungen des Mandanten kann sehr vorsichtig erfolgen. Sie kann aber auch sehr bestimmt erfolgen, fast mit dem ratgeberischen Zwang, eine bestimmte Handlung vorzunehmen. In allen Schattierungen und Intensitäten ist der Einfluss auf den Mandanten möglich. Hier wird der Berater im echten Sinn gestalterisch tätig. Er übernimmt Verantwortung für das Leben des Mandanten. In seiner Profession gehört dies zu den anwaltlichen Tätigkeiten, die in hohem Maße befriedigen. Vergleicht er sich mit Kolleginnen und Kollegen, so wird er, ist er selbst ein stark gestaltender Berater, immer voller Erstaunen feststellen, dass andere Anwälte vor dieser Verantwortung zurückschrecken. Sie ziehen es vor, dass nach einem rechtlichen Informationstransfer in jedem Fall der Mandant seine Entscheidung „völlig frei" fällt. Dies gilt für große Praxen ebenso wie für kleine. Mit einem vorsichtigen Urteil kann man sogar feststellen, dass Anwälte kleiner Einheiten mehr in die handelnde Beratung drängen als die Anwältinnen und Anwälte der Großsozietäten, die, einem starken Mandanten gegenüberstehend, eher in der Erwartung arbeiten, der Mandant bestimmt, was zu geschehen hat, während man dies optimal und höchst professionell, „aber eben nur", ausführt.

Insoweit ist die anwaltliche Beratung asymmetrisch. Es gibt den Berater und den Beratenen. Wenn Richter von der „Beratung" sprechen, denken sie an eine symmetrische Beratung, an die Beratung unter Richtern über das zu fällende Urteil. Sprechen Anwälte mit Richtern über Beratung, muss man sich bewusst sein, dass sie möglicherweise etwas anderes meinen.

Der Mandant schuldet seinem Anwalt die Sachverhaltsbeschaffung. Dies wird von Seiten der Mandanten durchweg anders gesehen und falsch bestimmt. Er hat ein Problem und legt dies dem Anwalt auf den Tisch. Alles andere ist jetzt Sache seiner Anwältin. Er möchte eigentlich nur wieder behelligt werden, wenn ihm die Anwälte das Ergebnis präsentieren. Nach der Vorlage einer Einspruchsentscheidung in einer Steuerangelegenheit, die ich mit der Klage anfechten sollte, gab ich dem Mandanten einen recht langen Fragenkatalog zur Sachverhaltsermittlung. Er schrieb mir zurück: Dies sei Delegation in die falsche Richtung. Dafür habe er keinen Anwalt beauftragt. Er hat mir schließlich die notwendigen Informationen gegeben, widerwillig und vermutlich mit dem dumpfen Gefühl, einen schlechten Anwalt beauftragt zu haben. Dabei gehört es zu den Erfahrungen und Regeln der Anwaltskunst, dass viele Streitigkeiten eher „über den Sachverhalt" gewonnen werden als durch kluge Rechtsausführungen.

Jede Beratung ist von der Persönlichkeit des Ratsuchenden und des Beraters abhängig. Der Mandant muss Vertrauen zu seinem Anwalt finden. Dies hängt von der Person des Anwalts ab. Ist er in der Lage, Vertrauen zu vermitteln, kann er den Mandanten erreichen. Bei sehr persönlichen Beratungsgegenständen (Strafverteidigung, Familienrecht, Erbrecht) muss diese persönliche Beziehung eher da sein als bei der nicht die persönliche Situation des Mandanten involvierenden Beratung. In jedem Fall bleibt jedoch die Beratung etwas Persönliches.

Damit ist Beratung antihierarchisch (obwohl asymmetrisch). Ich wende mich mit meiner Frage um Rat an jemand, der nicht in einem hierarchischen Verhältnis über mir steht, nicht einmal an jemand, der selbst in einem hierarchischen Verhältnis steht, das ich spüre. Hier liegt die Problematik der Beratung durch angestellte Anwälte, ein Tabuthema, das selten artikuliert wird. Der Mandant spürt sofort, wenn ihm ein Angestellter gegenübertritt oder ein Partner. In der Regel hat der Mandant auch Probleme mit einer Beratung durch ein Team, das sich ihm als hierarchisch gebildete Gruppe präsentiert. Bei Wirtschaftsprüfern ist dies häufig anzutreffen. Es gibt den Prüfungs-Gruppenleiter mit seinen Assistenten. Da die Prüfungstätigkeit selbst keine beratende Tätigkeit ist, mag dies hingehen. Die Anwältin, die mit abhängigen angestellten Anwälten in die Beratung geht, muss sehen, dass sie zuerst einmal Beratung abblockt. Die von ihm abhängigen Anwälte können nicht jeder für sich „beraten". Er kann das Team benutzen, um das Beratungsergebnis durchzusetzen. Aber die hierarchische Struktur stört zunächst das Beratungsgespräch.

Persönliche Beratung bedeutet, dass der Berater nur schwer austauschbar ist. Er ist auch schwer vertretbar. Ich gestatte mir wieder einen Blick auf den Wirtschaftsprüferberuf. Sein Sujet erlaubt die Vertretung und die Austauschbarkeit, da die objektive Leistung der Überprüfung von bilanziellen Zahlen eben nicht von einer persönlichen Beziehung zum Unternehmer selbst abhängt. Im Anwaltsbereich ist dies anders.

Mandant und Anwalt verknüpft das Band des Vertrauens, und eben dies ist eine einzige Ebene, die sich nicht auffächern lässt in hierarchische Abhängigkeitsverhältnisse.

Beratung ist für die Anwaltsprofession typisch, aber nicht notwendig. Denn Anwaltssache ist die Durchführung einer Beratung. Der Rat zum Prozess ist etwas anderes als die Prozessführung. Der Rat zur Fusion ist etwas anderes als die Fusion selbst. Richtig ist, dass auch die Durchführung eines anwaltlichen Plans der Beratung bedarf; aber sie tritt zurück zugunsten der Operation. Die Anwältin, die nicht berät, sondern durchführt, bleibt Anwalt. Die Beratung ist kein notwendiges Merkmal des Rechtsanwalts.

Garant des Rechtsstaats

In die Kennzeichnung des Rechtsanwalts soll aufgenommen werden, dass er „Garant des Rechtsstaats" sei. Ich zögere und kann mich damit nicht anfreunden. Die Feststellung klingt, als habe die Anwältin und als habe der Anwalt ein Mandat vom Staat, den Rechtsstaat zu sichern. Damit kommt er notwendig in Konflikt mit den Mandaten der Bürgerinnen und Bürger dieses Rechtsstaats. Der Rechtsstaat bildet sich in konservativen Köpfen anders ab als in progressiven. Der Rechtsstaat der RAF- und Terroristen-Verteidiger, der Rechtsstaat von Asylanten-Anwältinnen ist ein anderer als derjenige vieler

„staatstragender" Anwälte und Bürger. Anwälte verändern den Rechtsstaat ständig. Wie kann ich Garant eines Rechtsstaats sein, wenn ich ihn immer wieder in Teilbereichen nicht akzeptiere und verändere. Etwas anderes ist richtig: Unsere Profession bedingt den Rechtsstaat. Es ist einer der Reflexe guter Rechtsanwältinnen und Rechtsanwälte, dass es einen Rechtsstaat gibt. Bei der Beschreibung des Rechtsstaats ist es auch richtig, die freie Advokatur, so wie hier geschildert, zu fordern. Man kann noch einen Schritt weitergehen und sagen, dass dort kein Rechtsstaat ist, wo es diese Anwaltschaft nicht gibt. Auch der Richter wird im Übrigen nicht vom Rechtsstaat her definiert, sondern umgekehrt: Der Rechtsstaat ist da, wo es unabhängige Richter gibt.

Würde

§ 43 Satz 2 BRAO: „Der Rechtsanwalt hat sich innerhalb und außerhalb des Berufes der Achtung und des Vertrauens, welche die Stellung des Rechtsanwalts erfordert, würdig zu erweisen."

Mit welcher Stellung verbindet sich welche Würde? Auch außerhalb des Berufs? Greift das Anwaltsrecht ins Private? Ist das eine Pflicht, die sich gegebenenfalls auch gegen den Mandanten richtet?

Damit sind wir bei dem entscheidenden Punkt: Der Anwalt muss dem Vertrauen genügen, welches seine Stellung erfordert. Wo ist das Vertrauen des Mandanten? Muss der Anwalt nicht eigentlich – vor der sozialen und staatstragenden Stellung – vorrangig das Vertrauen des Mandanten rechtfertigen? Jede Anwältin, jeder Anwalt hüte sich davor, vor lauter „Würdigkeit" die Interessen des Mandanten aus dem Auge zu verlieren.

Fremde Vermögenswerte

„Der Rechtsanwalt ist bei der Behandlung der ihm anvertrauten Vermögenswerte zu der erforderlichen Sorgfalt verpflichtet. Fremde Gelder sind unverzüglich an den Empfangsberechtigten weiterzuleiten oder auf ein Anderkonto einzuzahlen" (§ 43 a Abs. 5 BRAO). Weitere Regelungen finden sich in §§ 4, 23 BORA.

Diese Sorgfaltspflichten bezüglich fremder Vermögenswerte rechne ich nicht zum Kernbereich unserer Profession. Es sind allgemeine Selbstverständlichkeiten, für die das allgemeine Strafrecht ausreicht. Mir ist es eher peinlich, wenn BRAO und BORA mich besonders ermahnen, mit fremden Vermögen sorgfältig umzugehen. Hier spiegelt sich eine Erfahrung bezüglich unseres Berufs wider, der ich gerne für die Zukunft jeden Boden nehmen möchte.

Diese beiden Absätze schrieb ich mit leichter Feder in der ersten Auflage. Die stark wachsende Zahl der Anwältinnen und Anwälte, die damit einhergehenden wachsenden finanziellen Schwierigkeiten vieler Anwaltsunternehmen zwingen heute dazu, die Ermahnungen der BRAO und BORA zur finanziellen Korrektheit als notwendigen Teil auch des Berufsrechts zu akzeptieren.

Sprache

Die Sprache ist eines der Handwerkszeuge der anwaltlichen Profession. Anspruch und Anklage kommen aus der Sprache. Jeder Schriftsatz benutzt sie. Und dennoch scheint es uns eher sinnvoll, über die Psychologie von Einigungen und Mediationen nachzudenken, als über den instrumentellen Einsatz der Sprache.

Es geht mir hier nicht um den guten Stil, die gute Sprachverwendung im Sinn des Deutschunterrichts. Hierüber kann man auch in Anwaltsbüchern viel lesen und mehr oder weniger viel lernen. Es geht um das Mittel, um die Angriffs- und Verteidigungswaffe, um das Medium des Rechtsfriedens in der vertraglichen Gestaltung, um das Kommunikationsmittel anwaltlicher Beratung. Wie setze ich zu dem anwaltlichen Zweck die Sprache optimal ein, wie nutze ich alle Möglichkeiten der Sprache, um das anwaltliche Ziel zu erreichen?

Ich unterscheide zunächst nicht zwischen Schriftlichkeit und Mündlichkeit. Beide Sprachweisen müssen bei dem Anwalt von dem gleichen Zweck der Verfolgung des anwaltlichen Ziels bestimmt sein. Zugleich aber folgt daraus, dass die Schriftsprache anderen Regeln folgt als das gesprochene Wort.

Aber auch die Schriftsprache bedarf der anwaltlichen Prägung. Wer kennt nicht „Hochglanzschriftsätze", die in der äußeren Papierform hervorstechen, deren Aufbau unangreifbar scheint, weil er so ist, wie man es als Anwalt oder besser: als Referendar gelernt hat. Es wird umfänglich der Sachverhalt geschildert, auch wenn er völlig unstreitig ist, auch soweit er unstreitig ist. Es folgt das, was man aus diesem Anspruch ableiten will. Sodann schreibt man in allerbestem Gutachtenstil die Begründung. Zitate werden ausführlichst wörtlich, aber natürlich mit genauer Zitierweise, wiedergegeben. Da man der Justiz nicht traut, werden wichtige Entscheidungen und Aufsätze in Copie beigefügt. All dies ist kaum anzugreifen, weil es der allerbesten Vernunft entspricht, die wir als Studenten und Referendare gelernt haben. Nur sind solche Schriftsätze von einer penetranten Langweile, sie sind ermüdend, als wolle man ein Schlafmittel darreichen. Aus anwaltlicher Sicht sind es schlechte, oft außerordentlich schlechte Schriftsätze, weil sie untauglich sind, die richterliche Entscheidung zu erreichen. Das Ziel für einen guten funktionalen anwaltlichen Gerichts-Schriftsatz ist der lustlose Richter (der natürlich im realen Justizleben die Ausnahme ist; aber Anwälte müssen risikobewusst arbeiten), der jedes Klageverfahren als Zumutung ansieht, dem jeder anwaltliche Schriftsatz vom Grunde her lästig ist, der immer vor Beginn der Lektüre eines Schreibens prüft, wie lange ihm etwas zugemutet wird (wie viel Seiten sind es?) und der eigentlich ständig auf die Uhr schaut, um zu sehen, wann er sich anderen Dingen zuwenden kann. Der anwaltliche Schriftsatz muss eben diesen Richter erreichen. Ihm muss es gelingen, bereits auf der ersten oder zweiten Seite den Angelhaken des Interesses auszuwerfen und unterzubringen. So kann es zB richtig sein, völlig ohne Systematik ein entscheidendes Argumentationselement, einen Punkt des Engagements in dem Schriftsatz nach vorne zu ziehen, wenn dieses Element den Leser verführt, weiter zu lesen.

Durch den mündlichen Vortrag wird nichts gewonnen, wenn er nichts anderes ist als die Wiedergabe von Schriftsätzen. Mündliche Rede ist andere Rede als Geschriebenes. Wer dies nicht verinnerlicht, sollte in einer mündlichen Verhandlung kein Wort sagen. Der mündliche Vortrag arbeitet mit anderen Elementen als der schriftliche. Hier kann eingebracht werden, was im Schriftsatz eigentlich Tabu ist. Hier ist der Ort für Engagement, Pathos, Unterkühlung, Emphase und Empathie. Vor allen Dingen darf im Gerichtsverfahren der mündliche Vortrag nie und nimmer von dem Eindruck geprägt sein, alles sei schon entschieden. Erfahrene Prozessanwälte sagen: Nichts ist endgültig entschieden, solange das Urteil nicht gefällt ist. Jedes Vor-Urteil vor einer mündlichen Verhandlung ist durch die mündliche Verhandlung umzudrehen. Allerdings – dies nochmals –: es muss mündlich verhandelt werden. Es darf nicht die Akte in Redeform wiederkehren.

Ähnliches gilt für jede Art des Verhandelns, obwohl es hier selbstverständlich erscheint. Aber auch hier erstaunt oft, wie neben der Technik und Psychologie des Verhandelns das Instrument der Sprache zu kurz kommt, oder aber es verblüfft umgekehrt, wenn eine Anwältin oder ein Anwalt die Sprache wirkungsvoll einbringt. Geht nichts mehr unter Verhandelnden, so sind dies nicht nur unüberbrückbare Gegensätze, sondern häufig auch Sprachprobleme. Auf der anderen Seite lassen sich selbst harte Gegensätze in Sprache auflösen.

Gefordert ist die anwaltliche Sprache, die Sprache unserer Profession, die Technik der Sprache unseres Berufs. Wir sind kein Sprachrohr des Mandanten. Wer das vorträgt, was der Mandant gerne hört, wer noch einen Schritt weitergeht und die Schriftsätze aus den internen Schreiben der Mandanten abdiktiert, verlässt die anwaltlichen Kunstregeln. Dies gilt auch dann, wenn der Mandant unbedingt wünscht, dass das eine oder andere genau ebenso, wie er vorformuliert hat, vorgetragen wird. Von Hans Dahs sen. wurde der Ausbildungsrat berichtet: Die anwaltliche Auseinandersetzung wird mit dem Gesicht zum Gegner geführt, nie mit dem Gesicht zum Mandanten. Wer die Sprache des Mandanten kritiklos übernimmt, bietet dem Gegner schutzlos den Rücken dar.

Wer in diesem Sinn die Sprache als Instrument anwaltlicher Tätigkeit entdeckt hat, wird sie Stück für Stück auf diesen Zweck hin ausformen. Insbesondere wird er über die Redundanz seiner Worte und seiner Schriftsprache entscheiden. Nach den Regeln der Rhetorik kann in dem gesprochenen Wort die Fülle größer sein als im geschriebenen. Die penetrante Langeweile großer Schriftsätze entsteht nicht durch die Unrichtigkeit dessen, was geschrieben ist, sondern durch das Unnütze, das Überflüssige. Maßstab für das zu Schreibende ist der Maßstab des absolut Notwendigen. Maßstab ist nicht, alles was im Zusammenhang mit dem Rechtsproblem klug und richtig ist, niederzuschreiben, auch wenn es keinen interessiert, weil es völlig unstreitig ist. Die Schriftsatzkommunikation, mit Sprachvergnügen zelebriert, gleicht einem Billardspiel: Es gilt, die Absätze, die Sätze und Worte auf die Formulierung zu reduzieren, die auf der Gegenseite genau das bewirkt, was bezweckt wird, die die Kraft überträgt, die man kalkuliert hat.

Die Funktionalität der Sprache in Verbindung mit der juristischen und anwaltlichen Vernunft spiegelt sich auch in guten Verträgen wider. Auch hier gilt: Wie kann ich mit geringstem sprachlichen Aufwand die sicherste und größte Regelungsdichte erreichen. Verträge des anglo-amerikanischen Rechtskreises sind hier mitnichten Vorbilder, sie sind abschreckende Beispiele. Ein Recht, das wenig von Systematik geprägt ist, muss zur Formulierung von Einzelfällen und damit zur Geschwätzigkeit neigen. Systematisch arbeitende Rechtskreise können abstrakter, allgemeiner und damit rechtssicherer formulieren. Bei der Abwehr anglo-amerikanischer Vertragstechniken haben wir die besseren Argumente, wenn auch die andere Seite vielleicht die größere wirtschaftliche Macht zum Durchsetzen hat. Kein Vorbild ist in diesem Zusammenhang in der Regel der Gesetzgeber. Umgekehrt könnte der Gesetzgeber sich gut formulierte Verträge zum Vorbild nehmen.

Relationstechnik

Eigentlich sollte man über das Nachfolgende kein Wort verlieren, weil es ziemlich selbstverständlich ist. Da aber in Gesprächen insbesondere Richter immer wieder auf die so wichtige „Relationstechnik“ hinweisen, da immer wieder betont wird, eben ihretwegen müssten Anwälte die richterliche Tätigkeit kennenlernen, gerade deshalb sei die ganze Referendarausbildung notwendig – was sich zu dem Eindruck steigert, das zweite Staatsexamen sei einzig um der Relationstechnik wegen da –, sind einige Bemerkungen notwendig.

Relationstechnik heißt: Ich berücksichtige einen Sachverhalt nur, soweit er rechtlich erheblich ist. Einen streitigen Sachverhalt ermittle ich nur dann, wenn der Streit rechtlich notwendig ist. So einfach ist dies. Dass Juristen dies lernen, ist wichtig und prägt die juristische Diskussion. Es prägt die Rationalität und Effizienz der juristischen Auseinandersetzung. Aber ich bestreite mit Nachdruck, dass Anwälte hierfür die richterliche Arbeit kennenlernen müssen, dass hierfür eine Referendarausbildung und ein zweites Staatsexamen notwendig sind. Die Schlüssigkeit einer Klage, die Erheblichkeit einer Beweiserhebung sind logische Bedingungen, die die anwaltliche Arbeit ebenso prägen wie die richterliche. Eine Klage muss schlüssig sein, weil sie nur so richtig ist. Sie muss nicht deshalb schlüssig sein, um richterlichen Kategorien zu genügen.

Im Übrigen unterliegt auch die „Relationstechnik" den anwaltlichen Kennzeichnungen. Es gibt genügend Situationen, wo es die Anwaltsarbeit, das Interesse des Mandanten gebietet, Relationstechniken zu verletzen. Es gibt die Gerechtigkeit nicht berührende Mandanteninteressen, bestimmte, nicht erhebliche Beweisaufnahmen durchzuführen. Es gibt bestimmte, die Gerechtigkeit nicht berührende Interessen, unschlüssige Klagen einzureichen. In solchen Fällen muss die Anwältin, muss der Anwalt mit Schein-Schlüssigkeiten arbeiten und Schein-Erheblichkeiten. Es ist in solchen Fällen gute und richtige Anwaltskunst, das Gericht zu verführen und den Gegner zu blenden. Gelingt dies nicht, sind Gegner und Gericht besser, so geht auch das in Ordnung.

Vollberuf – Nebenberuf

Die Vorstellung, der Anwaltsberuf setze eine Vollzeitarbeit voraus, nur der sei Anwalt, der sein ganzes berufliches Engagement der Anwaltstätigkeit widme, mag frühere Zeiten beherrscht haben, ist jedoch heute für das Anwaltsbild unter dem Gebot des Art. 12 GG nicht mehr bestimmend. Die sog. Zweitberufsentscheidungen des Bundesverfassungsgerichts haben dies bestätigt. Wer in Teilzeit oder im Nebenberuf als Anwältin tätig ist, ist Anwalt. Entscheidend ist allerdings, dass er oder sie in diesem Berufssegment die seinen oder ihren Beruf auszeichnenden Qualitätsmerkmale realisiert. Wahrscheinlich ist allerdings, dass er oder sie diese Merkmale um so mehr zu realisieren in der Lage ist, umso mehr er oder sie anwaltlich tätig ist.

Freiheit und Reglementierung der Advokatur

Deutschland

§ 1 der BORA trägt die Überschrift „Freiheit der Advokatur". In diesem Sinn beginnt Abs. 1: „Der Rechtsanwalt übt seinen Beruf frei, selbstbestimmt und unreglementiert aus ..." Hier stockt man. Denn jeder weiß ganz genau, dass die Mehrzahl der Anwältinnen und Anwälte den eigenen Beruf gerade deshalb schätzen, weil er reglementiert, weil er verkammert ist. Aber so ernst ist das „unreglementiert" in § 1 BORA nicht gemeint, denn der Aussage folgt sogleich: „soweit Gesetz oder Berufsordnung ihn nicht besonders verpflichten." Da die Anwaltschaft grundsätzlich nur durch Gesetz und Berufsordnung reglementiert werden kann, ist die Unreglementiertheit unter dem Vorbehalt von Gesetz und Berufsordnung nichts anderes als eine Leerformel. Man könnte auch sagen: Der Rechtsanwalt übt seinen Beruf im Rahmen der Gesetze und der Berufsordnung aus.

§ 1 Abs. 2 BORA fährt fort: „Die Freiheitsrechte des Rechtsanwalts gewährleisten die Teilhabe des Bürgers am Recht." Was sollen dies für Freiheitsrechte sein? Die allgemeinen Freiheitsrechte des Grundgesetzes können nicht gemeint sein; es müssen besondere Anwaltsfreiheitsrechte sein. Zu diesen Freiheitsrechten findet man nur und ausschließlich etwas in § 3 der Bundesrechtsanwaltsordnung. Es ist die Bestätigung, dass der Rechtsanwalt der berufene unabhängige Berater und Vertreter in allen Rechtsangelegenheiten ist und dass er das Recht hat, in ebendiesen Rechtsangelegenheiten vor Gerichten, Schiedsgerichten oder Behörden aufzutreten. Da aber auch diese Rechte durch Bundesgesetz beschränkt werden können, laufen die Worte wieder in eine Freiheit leer, die jederzeit durch Gesetz eingeschränkt werden kann. So recht weiß ich bis heute nicht, was die „Freiheitsrechte des Rechtsanwalts" darstellen.

Kehren wir zur Reglementierung zurück, die uns die Bundesrechtsanwaltsordnung und die Berufsordnung gibt und die § 1 der BORA der Unreglementierung bewusst entgegenstellt. Da die Bundesrechtsanwaltsordnung jederzeit durch Gesetz aufgehoben werden kann, bleibt von § 1 BORA – unterstellt, die Berufsordnung bleibt bestehen – übrig, dass der Rechtsanwalt seinen Beruf frei, selbstbestimmt und unreglementiert ausübt. Sie bleibt also Anwältin, auch ohne Reglementierung durch die Bundesrechtsanwaltsordnung. Daraus folgt, dass die Reglementierung der Bundesrechtsanwaltsordnung zwar bei uns historisch gewachsen, historisch vernünftig, politisch gewollt, politisch vielleicht vernünftig ist, aber nicht zum Kernbereich unserer Profession gehört.

Diese Erkenntnis ist insofern wichtig, als andere Länder andere Formen der Korporation der Anwaltschaft kennen (siehe auch nachfolgend zu *Europa*). Wäre unser Kammersystem eine zwingende Notwendigkeit des Anwaltsberufs, könnten wir sofort aufhören, nach einem einheitlichen Anwaltsberufsbild in Europa, in den Industriestaaten, in der Welt zu suchen. Rechtsanwältinnen und Rechtsanwälte bleiben auch dann ihrem Beruf angehörig, wenn die Verkammerung und Reglementierung fällt, wenn einzig der Satz bleibt: „Der Rechtsanwalt übt seinen Beruf frei, selbstbestimmt und unreglementiert aus." Auch mag dann der Satz „Die Freiheitsrechte des Rechtsanwalts gewährleisten die Teilhabe des Bürgers am Recht" bestehen bleiben. Diese Freiheitsrechte sind nichts anderes als die allgemeinen Freiheitsrechte der Bürgerinnen und Bürger, zu denen auch die Berufsfreiheit des Art. 12 GG gehört.

Es sei denn, man leitet besondere Freiheitsrechte aus dem Rechtsdienstleistungsgesetz ab, das am 12.12.2007 das Rechtsberatungsgesetz abgelöst hat. Es sei denn, man begreift die durch das Rechtsdienstleistungsgesetz weiterhin geschützte Befugnis, rechtsberatend tätig zu sein, als besonderes Freiheitsrecht der Anwaltschaft.

Diese Rechtsberatungsbefugnis als „Freiheitsrecht der Anwaltschaft" zu kennzeichnen, scheint mir kühn zu sein. Berufsrechtliche Sonderrechte und Privilegien werden eigentlich selten als „Freiheitsrechte" bezeichnet. Mit Freiheitsrechten werden in der Regel umgekehrt solche Privilegien bekämpft. Das Rechtsdienstleistungsgesetz kann in der Tat als Schutzgesetz der Anwaltschaft begriffen werden. Ich befürchte, unter diesem Zweck wird es, obwohl 2007 neugefasst, auf die Dauer nicht Bestand haben. Geschützte Berufe haben sich schon immer aus dem Qualitätswettbewerb verabschiedet. Sie erstarren und verkümmern. Das Rechtsdienstleistungsgesetz kann als Schutz der Verbraucher verstanden werden. Und insoweit überzeugt es. Denn es lässt sich als hinreichende Begründung formulieren, dass Personen mit ungenügender und mangelhafter Qualität am Markt nicht auftreten und nicht Rechtsrat verkaufen dürfen. Insoweit garantiert die Zulassung zur Rechtsanwaltschaft einen Qualitätsstandard und einen Schutz der Verbraucher. Insofern ist es auch vernünftig, dass das Rechtsberatungsgesetz in der Neufassung als Rechtsdienstleistungsgesetz die fortbestehende Anerkennung durch den Gesetzgeber gefunden hat.

Das Totschlagargument, das (alte) Rechtsberatungsgesetz stamme aus dem Jahr 1935 und sei Nazirecht, war zu billig. Allein das Jahr des Entstehens disqualifiziert nicht. Abzulehnen wäre dann auch die Handwerksregulierung und die Schaffung des deutschen Meisters; sie können auf das gleiche Jahr zurückgeführt werden. Materiell gab es keine Verknüpfung des Rechtsberatungsgesetzes mit jener Zeit.

Eben habe ich erwähnt, dass Privilegien nicht auf Freiheitsrechte zurückzuführen sind, sondern umgekehrt der Angriff auf Privilegien mittels Freiheitsrechte geführt wird. Es erstaunt daher nicht, dass es dem (alten) Rechtsberatungsgesetz ebenso erging, und zwar gerade durch das Bundesverfassungsgericht. Dieses grenzte – in der sog. MasterPat-Entscheidung vom 29.10.1997 – den Wirkungsbereich des Rechtsberatungsgesetzes ein. Nur wo der Schutz der Rechtsuchenden, der Schutz der Rechtspflege und – sehr eingeschränkt – der Erhalt einer leistungsfähigen Berufsgruppe innerhalb der Rechtspflege die Anwendung gebietet, seien andere ausgeschlossen. Dort, wo es nur um anwaltliche Hilfsdienste geht, können diese auch von Dritten übernommen werden. Wer also am Markt die Überwachung der Fälligkeit und der Einzahlung von Patentgebühren anbietet, muss nicht der anwaltlichen Profession angehören. Dies können auch Dritte unternehmen. Es ist denkbar, dass in Zukunft weitere Hilfsdienste (auch unter der Geltung des Rechtsdienstleistungsgesetzes) aus der anwaltlichen Tätigkeit herausgeschnitten, um von Dritten am Markt angeboten zu werden. Das „blinde" Hemmen der Rechtskraft hoheitlicher Verwaltungsakte, von Steuerbescheiden, also das die Bescheide materiell nicht prüfende Einlegen von Widersprüchen und Einsprüchen, was in einer Massenverwaltung durchaus sinnvoll sein kann, kann durch Dritte erledigt werden. Das Gleiche gilt für die Kontrolle des gesamten privaten oder hoheitlichen Zahlungsverkehrs.

Das heißt aber nicht – und das kann nicht deutlich genug unterstrichen werden –, dass es sich hierbei nicht um anwaltliche Aufgaben handelt. Das Vertrackte in der Diskussion um das alte Rechtsberatungsgesetz und die Neufassung des Rechtsdienstleistungsgesetzes liegt gerade darin, dass es zum Missverständnis einlädt, nur die unter seinen Schutz fallende Beratung sei anwaltliche Beratung. Das gesamte Beratungsangebot, das jenseits der Grenze des Rechtsdienstleistungsgesetzes liegt, sei eine für das anwaltliche Selbstverständnis anrüchige Dienstleistung. Es ist mir unbegreiflich, warum wir unseren Beruf in dieser Weise in das Prokrustesbett des Rechtsdienstleistungsgesetzes zwängen lassen. Die Anwaltschaft, die professionelle Anwaltschaft, bestimmt ihr Rechtsdienstleistungsgesetzes selbständig („frei, selbstbestimmt und unreglementiert" (§ 1 Abs. 1 BORA)), und das Rechtsberatungsgesetz ist hier keine Einschränkung, sondern schneidet nur aus dem frei und unreglementiert bestimmten Leistungsangebot einen Teil heraus, das nur von der Anwaltschaft erbracht werden kann. Das Ärgerliche an der MasterPat-Entscheidung des Bundesverfassungsgerichts ist nicht die Niederlage der Kläger, die mittels des Rechtsberatungsgesetzes Masterpat das Gewerbe untersagen wollten, sondern die Tatsache, dass es nicht Anwälte waren, die die Leistung am Markt angeboten haben. Wenn es um anwaltliche Hilfsdienste geht, so sollte es eigentlich naheliegend sein, dass auch Anwältinnen diese Hilfsdienste, auch wenn sie isoliert angeboten werden, besser und qualitätvoller erbringen können, als nicht qualifizierte Dritte. Und wir sollten als Lehre und Anregung aus dieser Entscheidung nach weiteren Hilfsdiensten im anwaltlichen Leistungsangebot suchen, die gebündelt und als Massengeschäft am Markt angeboten werden können, und zwar von Mitgliedern unserer Profession und nicht von fremden Dritten.

Das alles hat auch nichts mit der Diskussion zu tun, ob die Anwältin gewerblich tätig wird oder nicht. Sind die Hilfsdienste anwaltliche Tätigkeit, so handelt der Anwalt auch iSd. § 2 BRAO als „freier Beruf". Da es keine allgemeine Definition des freien Berufs gibt, mag es sein, dass andere Gesetzessysteme eine abweichende Qualifizierung vornehmen. Es mag sein, dass im Einzelfall die Gewerbeordnung besondere Zulassungserfordernisse aufstellt. Es mag sein, dass das Steuerrecht im Einzelfall die Tätigkeit als gewerblich qualifiziert. Aber Letzteres ist kein Unglück. Denn das Steuerrecht besteuert auch mit der Gewerbesteuer nur Gewinne. Und für unsere Profession ist es immer noch besser, auf gewerbliche Gewinne Gewerbesteuer zu zahlen als freiberufliche Verluste unbesteuert zu lassen.

Europa

Wie schön ist es, in geschützten Räumen zu leben. Wie sicher scheint es, verkammert und sicher zu sein, dass Orts- und Bundeskammern allen Unbill abwehren. Aber so funktioniert es nicht mit Europa. Wir haben die EU-Verträge unterschrieben und angenommen. Wir haben uns dem europainternen freien Wettbewerb verschrieben. Und Kammern ecken, wie ehedem Zünfte und Gilden, eben an. Die Anwältin und der Anwalt sollen hier nicht unmäßig verunsichert werden, ihnen soll aber die Sicherheit genommen werden, dass alles ihnen Willkommene, Hergebrachte, unreflektiert als selbstverständlich und richtig Angenommene unverrückbar bleibt.

Erwähnen wir die Themen, die europarechtlich gefährdet sind. Gesetzliche Anwaltsgebühren müssen nicht sein, andere Länder kommen ohne sie aus. In der Juristenausbildung sitzt Deutschland auf hohem Ross und versagt sich den Bachelor- und Masterstudiengänge. Anwaltsmonopol und Rechtsdienstleistungsgesetz sind gefährdet, insbesondere deshalb, weil der ins Feld geführte Qualitätsstandard nicht so stark ist, wie er vorgibt. Hartnäckig versagt sich die Anwaltschaft einer ständigen kontrollierten und sanktionierten Fortbildungspflicht.

Die Beschränkung, sich nur mit bestimmten Berufen in einer Sozietät verbinden zu dürfen, ist europarechtlich kaum haltbar. Und dass die berufliche Selbstverwaltung in der bisherigen Form jedem Europarechtler ein Dorn im Auge ist, weiß inzwischen jedes Vorstandsmitglied einer Rechtsanwaltskammer. Die Selbstkontrolle bezüglich der Zulassung und Berufsausübung nur durch Berufsangehörige, lädt zum Angriff geradezu ein. Welche Krähe pickt der anderen schon ein Auge aus, sagt der Kölner.

Auch europäische Mühlen mahlen langsam, mag die Kollegin, der Kollege denken. Aber, die europäische Erfahrung hat gezeigt, sie mahlen letztlich sicher und entschieden.

Der Rechtsdienstleistungs-Markt

Nachfrage: Braucht der Markt die anwaltliche Profession?

Der Anwaltsmarkt ist in der Bundesrepublik Deutschland ein Nachfragemarkt. Das heißt: Die Nachfrage nach anwaltlichen Leistungen übersteigt das Angebot. Nicht der unbeschäftigte oder unterbeschäftigte Anwalt bestimmt den Markt, sondern der überlastete, schwer erreichbare Anwalt. Durchweg suchen die im Markt arbeitenden Praxen junge Anwältinnen und Anwälte. Sie klagen über den fehlenden Nachwuchs. Dies gilt nicht nur für die Großpraxen, sondern auch für die kleine und mittlere Praxis oder Sozietät mit örtlich eingegrenztem Wirkungskreis. Auch Rechtsanwältinnen werden gesucht, und zwar gezielt, und auch hier hört man die Klage, dass man keine Anwältin finde. Dies alles trotz der Anwaltsschwemme, trotz der hohen Zulassungszahlen.

Wir dürfen allerdings die Augen nicht davor verschließen, dass ein großer Teil dieser „zugelassenen Anwaltschaft" nicht nachgefragt wird, nicht den Anwaltsmarkt entlastet. Wer notgedrungen Anwältin oder Anwalt wird, weil ihm der Weg in die Justiz, Verwaltung oder zu anderen Arbeitgebern bei Unternehmern oder Industrie verschlossen ist, wird nur zögernd „gefragt". Das Gleiche gilt für schlecht qualifizierte Volljuristen, wobei die Examensnoten nur bedingt Spiegel einer Qualifikation für den Anwaltsberuf sind. Insofern hat die Nachfrage den Markt gespalten. Es gibt die gesuchten Anwältinnen und Anwälte; es gibt die nicht gesuchten Anwältinnen und Anwälte.

Die nicht linear, sondern exponential wachsende rechtliche Vernetzung unseres Lebens, aller beruflichen, wirtschaftlichen, aber auch aller privaten Bereiche, ist der Grund der nachdrücklichen Frage nach dem Anwalt. Der Fachanwalt für Familienrecht ist auch deshalb gerechtfertigt, weil dieses Recht, ursprünglich Teil des allgemeinen Bürgerlichen Rechts, das jeder zu beherrschen hatte, Spezialgebiet geworden ist und nur vom Spezialisten, dem Fachanwalt für Familienrecht, beherrscht wird. Mit dem Ehepartner, mit den Kindern und den Eltern kann man nur noch mit einem im Familienrecht ausgewiesenen Anwalt streiten. Die Klage über den „Verlust des Rechts" zugunsten industrieller DIN, ISO und Qualitätsnormen ist mitnichten ein Verlust des Rechts. Das Gegenteil ist der Fall. Die wirtschaftlichen und technischen Normen stehen an der Schwelle zur rechtlich verfestigten Regel, vielleicht bereits an der Schwelle zur eigentlichen Rechtsnorm. Das Gewährleistungs-, Haftungs- und Arbeitsrecht sowie das Regulierungsrecht des Wirtschaftssystems sind die Treibsätze. Überall dort, wo sich in der Gesellschaft außerrechtliche Regeln und Normen bilden, stehen sie über kurz oder lang wartend vor den Grenzen des Rechts mit dem Begehren, eingelassen zu werden. Die Explosion des Strafrechts belegt dies. Sexuell bestimmte Verbotsnormen haben den engsten Bereich der Familie, die Ehe erreicht. Der Verhaltenskodex von schwulen und lesbischen Gemeinschaften wurde Familienrecht. Jede Verletzung umweltrechtlicher Normen wird rechtlich geahndet. Wertnormen zur Gentechnik und Biotechnik werden Gesetz. Kommen die Anwälte wirklich auf die Idee, sich einen Ethik-Kodex zu geben (s. S. 31 ff.), dauert es nicht lange und der Kodex ist verrechtlicht. Andere Berufe, wie zB der des Arztes, werden über die Regeln der Haftung zu einem Unterfall des Rechts. Die Fehlentwicklungen der Parteienfinanzierung: Der Gesetzgeber ist gefragt. Erbarmungslos legen sich die europarechtlichen Normen über unser Leben. Ohne Unterlass und gegen alle Warnungen produziert der Gesetzgeber eine nicht enden wollende Flut von Rechtsnormen. Natürlich wird die Rechtsvereinfachung gefordert; was daraus folgt, belegt das Steuerrecht. Natürlich wird die Deregulierung gefordert; gelingt sie, so tritt an ihre Stelle die rechtliche Satzungsnorm des Berufs selbst (Beispiel: unsere eigene Profession) oder das die Deregulierung aufnehmende Vertragsrecht. Verlust des Rechts? Mitnichten. Minute für Minute ein weiteres Stück Recht, ein weiteres Stück Regulierung, durch internationale Verträge, durch innerstaatliche Gesetze, durch Satzungsrecht und Verträge.

In diesem Geflecht ist der Anwalt, ist die Anwältin der einzig berufene Pilot, Wegweiser, Berater, Insider, Guru, Wissensträger. Es gibt keinen anderen Beruf, der mit dem gleichen Anspruch, mit der gleichen Kompetenz auftreten kann. Er weist den Weg, sie setzt Rechte durch, wo es früher nur soziale oder moralische Ansprüche gab, er wehrt Ansprüche ab, die früher mit Standfestigkeit ausgesessen wurden. Sie verknüpft eigene Rechts-Netzwerke (Verträge) mit den allgemeinen rechtlichen Netzwerken. Er gibt die notwendige Sicherheit dem Mandanten, der sich nervös, ängstlich und verzweifelt dem Recht ausgesetzt sieht; sie verunsichert, wo allzu fahrlässige Rechtssicherheit waltet. Ruf nach Rechtsrat? Besser: Es ist ein Schrei nach kompetentem Rechtsrat.

Wo bisher der Freund, der Bekannte, der Sohn des befreundeten Anwalts, der Pfarrer, die Versicherung, die Bank den ersten rechtlichen Hinweis, den ersten Rechtsrat gaben, den „Schwellenrat", der den Weg zur Anwältin noch nicht lohnt, wird den Raum die telefonische Beratung, die Hotline einnehmen; es wird die Beratungsgeschäfte, die Anwaltshäuser in Einkaufs-Centern und Einkaufsstraßen geben, die ebendiesen ersten Rechtsrat, diesen Schwellenrat anbieten. Dass die ersten Versuche gescheitert sind, gibt in erster Linie unternehmerische

Erfahrung für den nächsten Schritt. Vielleicht amüsiert es uns, bei einem Besuch in Istanbul noch Schreibstuben zu sehen, die das Briefeschreiben anbieten. Wir werden sie bekommen. Welcher Anwalt kennt die Situation nicht: Man rät am Telefon dem Mandanten, ein kurzes Schreiben an eine Behörde, an den Gegner zu richten, mit leicht zu verstehendem Inhalt. Dann das Zögern. Können Sie mir das Schreiben nicht entwerfen? Was für den Kenner, den Insider ein Leichtes, eine Selbstverständlichkeit ist, ist eben auch für den Lehrer, den Beamten und Unternehmer ein unsicheres, risikobehaftetes Unterfangen. Warum dann nicht auch den ersten Schritt vom Anwaltshaus am Markt anbieten und vornehmen lassen?

Auf der anderen Seite: Rechtsabteilungen ersetzen keine Anwältin, keinen Anwalt. Rechtsdezernenten von Gemeinden leisten nicht das, was Anwälte und Anwältinnen leisten. Auch die Spitzenberatung strömt zurück in die Anwaltsbüros. Kommt die Gemeinde mit der Deregulierung des Elektrizitätsmarkts nicht klar, wird sie keinen neuen Assessor einstellen, sondern ein Anwaltsbüro beauftragen. Kein Unternehmenskauf, keine Fusion oder Übernahme ohne die anwaltliche Profession. Und es ist keine Absonderlichkeit, dass es Anwaltsbüros waren und sind, die auch ihre Leistungen bei den Gesetzgebungswerken junger Staaten anbieten. Die Clinton-Lewinsky-Affäre gab genug Anlass, über die beteiligten Anwältinnen und Anwälte mit negativen Attributen zu reden; ich denke eher, wir sollten überlegen, ob sie nicht überhaupt erst durch Anwälte gelöst wurde.

Nicht jede der anwaltlichen Dienstleistungen ist erkennbar ein Nachfragemarkt. Für den noch heute für die Anwaltschaft so wichtigen Markt der Prozessvertretung mag dies gelten. Aber auch hier gibt es Veränderungen. Kann es nicht sein, dass die Prozessführung allzu sehr der Routine anheimgefallen war, dass wir oft den Glauben verloren haben, allein durch anwaltliche Leistungen, anwaltliche Kunst, anwaltliche Phantasie Prozesse gewinnen zu können? Man kennt den Starverteidiger. Man kennt dagegen „nur“ Prozessbüros, man hat aber selten Kenntnis von einem Star-Prozessführer. Das ist im Begriff sich zu ändern, da heute Prozessspezialisten wie Verteidiger vor allen Gerichten auftreten können. Hier lohnt ein Blick in die USA, um zu überlegen, in welcher Weise das Ergebnis von Zivilprozessen von den anwaltlichen Leistungen abhängt. Die Reduzierung der Rechtsbehelfe und Instanzen durch Justizreformen lässt die Gewichte der einzelnen Schritte des prozessualen Instanzenwegs wachsen. Wir sollten dies als Möglichkeit anwaltlicher Leistungen begreifen.

Das Bundesverfassungsgericht entzieht uns den Schutz des gesetzlichen Beratungsmonopols Stück für Stück vom anwaltlichen Leistungsangebot. Durch die MasterPat-Entscheidung vom 29.10.1997 (vgl. S. 52), wurde dessen Schutz auf „die umfassende und vollwertige Beratung des Rechtsuchenden“ und den „Schutz der Rechtspflege“ reduziert. Anwaltliche Hilfsdienste sind von dem Monopol-Schutz ausgeschlossen. Und wo der Schutz fällt, stehen wir im Wettbewerb mit Nichtanwälten. Wettbewerb aber schärft die Notwendigkeit, auf den Markt einzugehen, Anforderungen zu erfüllen, schärft den Blick für die Qualität. Fristen überwachen, Gebührenzahlungen, Inkasso und andere Hilfstätigkeiten sind Leistungen, von denen wir am Markt behaupten sollten, dass Anwälte Anwältinnen sie besser beherrschen als Nichtanwälte. MasterPat sollte den Blick auf das konzentrieren, was uns möglich ist, welche Märkte uns zu entgleiten drohen und was wir wiedergewinnen können.

Weite Rechtsgebiete sind anwaltliches Brachland oder bieten sich an für anwaltliche Verteidigung oder Rückeroberung. Dies gilt für das Sozialrecht, das „grüne Recht“ der Bürgerbewegungen, das NGO-Recht. In der Steuerberatung kann der Markt zumindest zum Teil zurückgewonnen werden, da sich auch das Steuerrecht – und zwar in der allgemeinen steuerlichen Beratung – immer mehr verrechtlicht. Medizinrecht, Insolvenzrecht, Reiserecht, Energierecht, Telekommunikationsrecht, Computerrecht sind Gebiete mit Zukunftsperspektiven. Die Unternehmensphilosophie Compliance gehört in die Hand der Anwälte; sie darf keine Domäne der Wirtschaftsprüfer werden. Die gesamte Beratung von Konsumenten und Verbrauchern ist Aufgabe von Anwälten.

Internationales und grenzüberschreitendes Recht – das Berufsfeld angesprochen und schon wieder verloren. Denn dieses Recht ist nur etwas für die großen etablierten Praxen und Sozietäten. Ist das richtig? Wer bedient die Nachfrage nach dem Rechtsrat im kleinen Grenzverkehr? Muss nicht der Anwalt in Frankfurt an der Oder die Grundzüge des polnischen Rechts und Justizwesens beherrschen, um der tagtäglichen Nachfrage nachzukommen? Kann die Anwältin in Aachen überleben ohne Kenntnisse des holländischen und belgischen Rechts? Hier werden gerade nicht die Großen, sondern die Mittleren und Kleinen gefragt. Der Markt will hier in der Regel nicht die Großen.

Angebot: Anwältinnen Anwälte am Markt

Ein Rechtsanwalt kommt aus einem Seminar von Prof. Hommerich. Thema: Marketing. Hommerich wird nicht müde zu erklären: Anwalt Anwältin solle sich an den Markt wenden und dem Markt sagen, „für was er/sie stehe". Er/Sie müssen dem Markt das Produkt „Anwalt" verkaufen.

Jetzt sitzt Anwalt Anwältin an seinem/ihrem Tisch und sucht nach einer marketinggerechten Formulierung, mit welcher er/sie sich an den Markt wenden kann. Sie/er schaut in die Bundesrechtsanwaltsordnung und schreibt: „Ich bin ein Organ der

Rechtspflege und berufen, Sie in allen Rechtsangelegenheiten zu beraten und zu vertreten." Das ist doch was, denkt er/sie; das beeindruckt. Dann beginnt sie/er zu zweifeln; und schließlich macht er/sie einen dicken Strich durch diesen Satz. Was soll der Anwalts-Mensch denn nun schreiben?

Der Anwalt ist Unternehmer. Diese für die Anwaltschaft junge Erkenntnis – betrachtete man sich in der Vergangenheit jedoch am liebsten als mit öffentlichen Rechten und Privilegien und nach Möglichkeit mit Gewinngarantie ausgestattete Amtsperson – löst Kräfte und schmerzt. Sie schmerzt dort, wo mit einem Mal ein Verhalten am Markt gefordert wird, das man weder gelernt hat noch willens war zu befolgen. Und hatte die Ausbildung nicht alles getan, um unternehmerisches Denken zu vermeiden und im Keim zu ersticken? Behütetes Studium, bezahltes Referendariat und dann mit 30 Jahren Unternehmer? Man ist eingerichtet, verdient, hat Ehepartner und Kind – und mit dieser Einrichtung in ein Risiko gehen, dass als „Unternehmerrisiko" eher wie ein unbekanntes drohendes Gespenst am existenziellen Horizont auftaucht. Dagegen ist für andere Unternehmer zu sein eine Befreiung aus muffiger, gut gemeinter Staatsführung, ein Herauslösen aus dem instinktiv gespürten Versuch, das wirkliche Leben von einem fernzuhalten.

Wer Anwältin wird, wird Unternehmerin. Als Alternative bietet sich nur das anwaltliche Angestelltenverhältnis an. Der selbständige Anwalt ist Unternehmer. Unternehmer zu sein ist etwas anderes als die zum Kernbereich der Anwaltsprofession behandelte Unabhängigkeit. Es kann eine durchaus vernünftige unternehmerische Entscheidung sein, sich in die Abhängigkeit eines Mandanten zu begeben, weil diese ihm sichere, oft monopolartige Gewinne garantiert. Ein anderer ist in beispielhafter Weise anwaltlich unabhängig und kann gleichwohl am Ende die Gehälter seiner Mitarbeiter nicht zahlen. Unternehmer sein ist eine wirtschaftliche Existenzform am ökonomischen Markt. Am Markt will man sich darstellen, Mandanten gewinnen und Erfolge (auch finanzielle) erreichen. Dies muss in Übereinstimmung mit den anwaltlichen Qualitätsmerkmalen – oder noch besser: durch sie – geschehen. Unternehmertum und Anwaltsein können sich beflügeln, können sich aber auch gegenseitig behindern. Der anwaltliche Unternehmer muss wissen, dass er Anwalt ist, die unternehmerische Anwältin muss wissen, dass sie Unternehmerin ist. Zur Kunst der Profession und zur Kunst des Unternehmertums gehört stets, die jeweils andere Existenzsphäre, sei sie fördernd, sei sie behindernd, zu berücksichtigen.

Unternehmer gehen Risiken ein. Er wagt Positionen mit Angeboten am Markt, die scheitern können, mit denen er aber auch gewinnen kann. Risiko eingehen: Das darf dem Anwalt nicht ein Schreckgespenst sein, das ist für die Anwältin die Chance zu versuchen, mit Angeboten, mit Profilentwicklungen zu experimentieren. Verluste, das Ereignis des Risikos, sind im Unternehmerdasein nicht in erster Linie Existenzbedrohungen oder Existenzvernichtungen, sondern Erfahrungen, Wege zu Verbesserungen, Mittel für Erkenntnisse. Es ist eine gefährliche Vorstellung, mit einer ersten unternehmerischen Entscheidung den Erfolg treffen zu wollen. Wer eben dies glaubt, wird sich wahrscheinlich weit unter Wert am Markt verkaufen, da er nicht auf die Idee kommt, den subjektiv empfundenen Erfolg als Fehler und Misserfolg zu begreifen, die man in anderer Weise verbessern könnte. Der Weg zum unternehmerischen Erfolg ist gesäumt von Wracks der Misserfolge.

Der Anwaltsmarkt ist ein Nachfragemarkt. Die Nachfrage findet den Anwalt, der sich der Nachfrage anbietet. Die Anwältin hat gegenüber den Kollegen die Nase vorn, die sich besser und wirkungsvoller anbietet. Wie präsentiere ich mich, für was stehe ich, welches Profil habe ich? Wie mache ich auf mich aufmerksam? Wie rede ich über meine Qualität? Wie lasse ich die Qualität meiner Arbeit wirken? Wie lasse ich andere über mich reden? Das alles ist durch unternehmerische Entscheidungen steuerbar. Der Unternehmer-Anwalt bestimmt hier sein Profil, er setzt Werbung, Marketing und Public Relations ein.

Nach § 43 b BRAO ist die Werbung dem Rechtsanwalt nur erlaubt, soweit sie über die berufliche Tätigkeit in Form und Inhalt sachlich unterrichtet und nicht auf die Erteilung eines Auftrags im Einzelfall gerichtet ist. Dies ist eine kluge Formulierung. Denn die Werbung ist grundsätzlich nicht auf die Erteilung eines Auftrags gerichtet, sondern auf die Erteilung vieler Aufträge. Ich sehe nicht, wie § 43 b BRAO die Werbung hindern kann.

Die Berufsordnung widmet einen ganzen Abschnitt der Werbung. Nach § 6 BORA darf der Rechtsanwalt über seine Dienstleistungen und seine Person informieren, soweit die Angaben sachlich und berufsbezogen sind. Eine Begrenzung sehe ich allenfalls in der Berufsbezogenheit. Ich weiß jedoch nicht, in welcher Weise mich die Berufsordnung hindern soll, darüber zu unterrichten, dass eine meiner Töchter heiratet, dass ich den Vorsitz in einer Umweltorganisation übernommen habe oder Parteivorsitzender geworden bin. Aus den Detailregelungen greife ich das Verbot heraus, Erfolgs- und Umsatzzahlen anzugeben (§ 6 Abs. 2 BORA). Ich befürchte, der Markt wird mit kühler Härte und Selbstverständlichkeit hierüber hinweggehen. Schon heute organisieren große Anwaltskanzleien Pressekonferenzen, in denen ebendiese Daten angegeben werden. Mir ist noch kein Fall bekannt, in dem es zu einem berufsrechtlichen Verfahren gekommen ist. Die §§ 6 bis 10 BORA atmen noch einen Geist mangelnder Souveränität, mangelnden Selbstbewusstseins und eines mangelnden Vertrauens in die allgemeinen Rechtsregeln des Marktes, die den Wettbewerb bestimmen. Die biedermeiersche Regelung der Gestaltung von Briefbögen und Kurzbezeichnungen ist für unsere Profession völlig unangemessen. Die Satzungsversammlung bemüht sich allerdings um eine Reform der Vorschriften; Durchgreifendes und Erfrischendes kommt dabei nicht heraus.

Wettbewerb und Werbung fördern in jeder Weise die Qualität anwaltlicher Leistungen. Dies ist für den Wettbewerb Allgemeingut. Ohne den Hinweis auf die eigene Leistung kann der Wettbewerb jedoch nur verklemmt funktionieren. Diese Hinweise sind das, was Werbung ausmacht. Und wer eine gute Leistung am Markt behauptet, wird sie auch erbringen müssen. Unwahre Aussagen verzeiht der Markt nicht. Sie bringen allenfalls kurzfristige Erfolge. Und unsinnige und überzogene Werbung soll derjenige betreiben, der dies für richtig ansieht. Das anwaltliche Berufsrecht ist nicht dafür da, die Klugheit unternehmerischen Handelns zu steuern. Hat die vermeintlich unsinnige und überzogene, aber zulässige Werbung Erfolg, so war es eine gute Werbung und das Urteil der Unsinnigkeit und Überzogenheit war falsch. Ist dieses Urteil aber richtig, so wird die Werbung wieder am Markt verschwinden.

Unternehmerin und Unternehmer müssen entscheiden, in welcher Kooperationsform sie ihre Leistungen am Markt anbieten, ob als Einzelanwältin, als Sozius einer Kleinsozietät (bzw. einer Partnerschaft) oder ob sie sich einer großen Sozietät (in welcher inländischen und ausländischen Rechtsform auch immer) anschließen oder diese gründen wollen. Die Großsozietäten bestimmen inzwischen Medien und anwaltliches Bewusstsein in einer Weise, dass ich gewillt bin, mich hier eher mit den kleineren Einheiten zu befassen. Ganz ohne Zweifel haben die Großpraxen ihre Berechtigung und werden vom Mandanten gefordert. Kein Anwalt muss aber das dumpfe Gefühl, fast ein schlechtes Gewissen haben, er sei altmodisch und arbeite am Markt vorbei, weil seine Organisationsform klein ist. Die feine Boutique mit ihrer Spezialisierung, der fest im Vertrauen der Mandanten sitzende Generalist haben weiterhin ihren Markt und werden ihre Marktstellung behalten. Lassen wir uns auch nicht von den großen US-amerikanischen Praxen blenden. Man hat einmal berechnet, dass die durchschnittliche amerikanische Sozietät 1,8 Partner hat. Und große Erfolge sind überall am Anwaltsmarkt mit Anwaltspersönlichkeiten, nicht aber mit Großverbänden von Anwälten verbunden.

Die Anwältin und der Anwalt müssen sich entscheiden, ob und in welcher Weise sie sich spezialisieren, ob und in welcher Weise man auf eine Spezialisierung verzichtet. Auch hier ist der Rat zur Spezialisierung inzwischen so selbstverständlich, dass ich ihn nicht weiter ausbreiten möchte, sondern es vorziehe, mich mit dem allgemeinen Anwalt, dem Generalisten zu befassen. Abwertend werden sie Feld-, Wald-, Wiesenanwälte, Provinzanwälte genannt, ein aussterbender Zweig, weil er heute eben nie mehr alles auch nur halbwegs können kann. Ein zukunftsträchtiges Marktsegment gäbe es hier nicht. Dem setze ich entgegen: Der Generalist ist das notwendige Gegenstück zum Spezialisten. Sie ergänzen sich, richtig gesehen und begriffen, am Markt in hervorragender Weise. Sie brauchen jeder den anderen. Der Spezialist hat in der Regel nur ein schmales Vertrauensband zum Mandanten. Je spezieller und technischer sein Know-how ist, um so weniger gibt es dieses ursprüngliche Vertrauensverhältnis; er benötigt es auch nicht direkt. Der Spezialist hat zudem das Problem der Anbietung am Markt. Wenn der Unternehmer in Ahaus in Westfalen einen Spezialisten im Computerrecht sucht, so wird er vielleicht feststellen, dass es diesen im Münsterland nicht gibt; aber wie will er sodann den Spezialisten in Kiel, Stuttgart oder gar in Passau finden? Er wendet sich an seinen „Hausanwalt", den Generalisten. Seine Aufgabe und Chance ist es, in ein Netzwerk von Spezialisten eingeschaltet zu sein. Er bewerkstelligt den Vertrauenstransfer zwischen Spezialisten und Mandanten. Ich selbst bin „Spezialist" im Steuerstrafrecht. Habe ich eine

Verständigung zu § 153 a StPO erreicht, die eine beträchtliche Geldzahlung voraussetzt, so wird – Vertrauen hin, Vertrauen her – der Mandant nur zögernd zustimmen. Er wird aber gerne seine Einwilligung geben, wenn der uns vermittelnde Steuerberater, der die Funktion des Generalisten hat, die Verständigung als gut und richtig ansieht. Der Mandant hat das Vertrauen zum Steuerberater, der das Vertrauen zu uns hat. Vertrauen kann auf diese Weise vermittelt werden. Und das reicht für beste anwaltliche Arbeit.

Wir erfahren am Markt, dass selbst dort, wo Großpraxen eigentlich alle Spezialisten anbieten, so dass sie den Mandanten gegenüber wie ein genial gebildeter Allgemeinanwalt auftreten, der Generalist notwendig ist. Viele Mandanten haben Misstrauen gegenüber Behörden, großen Organisationen. Eigentlich wollen sie auch nicht den aus diesem Misstrauen geborenen Rechtsstreit gerade wieder einer Großorganisation anbieten, der sie das gleiche Misstrauen entgegenbringen. Auch wenn alle Rechtssachen eines mittelständischen Unternehmens durch eine Großkanzlei abgewickelt werden, so ist der vertrauensvolle Anwalt der Generalist, der den Mandanten in seinem Verkehr mit den Großpraxen begleitet. Der Generalist, der in einer gewissen Breite eine Vielzahl von Rechtsangelegenheiten selbst erledigt, im Übrigen aber den Mandatsverkehr zum Spezialisten und zur Großpraxis betreut, der sich um das sichere und feste Vertrauen des Mandanten bemüht, hat, dies ist meine sichere Annahme, Zukunft.

Die Konkurrenz

Wettbewerber auf dem Anwaltsmarkt sind in erster Linie die Steuerberater und Wirtschaftsprüfer.

Die Abgrenzung erfolgt einmal über das Qualitätsmerkmal der Interessenvertretung. Hier ist der Anwaltsberuf kompromissloser. Er erlaubt nicht den Sündenfall durch die letztlich nicht überprüfbare freiwillige Zustimmung des Mandanten in den Interessenkonflikt. Auch die Vertraulichkeit ist dem Anwalt ein höheres Gut als den Wettbewerbern. Wo es den erlaubten Wettstreit in der Rechtsberatung gibt, muss der Anwalt muss die Anwältin einfach besser sein; und das sind sie in der Regel.

Die Differenzen im Recht der Interessenvertretung und Vertraulichkeit sind die – auch international – gewichtigsten Themen bei interprofessionellen Zusammenschlüssen der Rechtsanwälte mit Wirtschaftsprüfern und Anwälten. Letztlich sind solche Partnerschaften nur anzuerkennen und hinzunehmen, wenn die Partner die strengen Qualitätsmerkmale der Anwälte akzeptieren.

Natürlich gibt es Konflikte mit anderen, „fremden" beratenden Berufen. Mit den Medien – dies will ich aufgreifen – gibt es eine besondere Konkurrenzsituation. Es geht um die Rechtsberatungssendungen der privaten Fernsehanstalten, der Öffentlich-Rechtlichen, der Radios und der Printmedien. Schon um des Show-Effekts wegen ist man geneigt, besser zu sein als die Anwältin oder der Anwalt. Fast ungezügelt setzt man zum Teil nicht den richtigen rechtlichen Hinweis, den rechtlichen Rat ein, sondern die Drohung, den Fall an die Öffentlichkeit zu bringen. Man operiert mit dem Prangereffekt, nicht mit solider Beratung. Man rechtfertigt die Sendung damit, dass es Woche für Woche tausende von Anfragen gibt, ohne allerdings darauf hinzuweisen, dass man diese Anfragen schlechter bearbeitet als jedes Anwaltsbüro. Mehr oder weniger nach dem Zufallsprinzip oder nach der Showgefälligkeit werden die Fälle ausgesucht. Man geriert sich am Markt als Vertrauensanwalt der Konsumenten, ohne dieses Vertrauen in irgendeiner Weise zu rechtfertigen. Angreifende Prozesse, die sich auf das Rechtsberatungsgesetz oder heute Rechtsdienstleistungsgesetz stützen, verliert man durchweg. Oder besser: Man gewinnt sie nur dann, wenn man sich von der Rechtsberatung im Einzelfall löst. Verliert man sie, fällt man über die Monopolstellung der Anwälte her, ohne sich ernsthaft um die Belange der Konsumenten zu kümmern. Show geht vor dem Rechtsrat. Natürlich gibt es auch Sendungen, die solide und unangreifbar sind. Natürlich gibt es auch eine Berechtigung für diese Sendungen. Das soll hier nicht bestritten werden. Vor etwa zehn Jahren wurde folglich als Notwendigkeit erkannt, dass die Medien und die Anwaltschaft zur Kooperation finden, dass nach einem Verhaltenskodex gesucht werde, der den rechtlichen Gegebenheiten genügt und die Bedingungen der Medien erfüllt. Ein solcher Kodex wurde nicht formuliert. Die Kommunikation hierüber reicht aber offensichtlich, dass es in jüngster Zeit ruhiger um diesen Fragenkreis geworden ist; hinzu kam die Erlaubnis unentgeltlicher Rechtsberatung durch das Rechtsdienstleistungsgesetz. Mit jeder „Rechts-Sendung" oder „Rechts-Show" können die Probleme jedoch wieder aufbrechen.

Juristen werden Anwälte Anwältinnen

Der Weg zum Volljuristen

Der Weg zum Volljuristen ist der Weg zum Einheitsjuristen, ist der Weg zur Befähigung zum Richteramt, ist die nur im Ausnahmefall vermeidbare Einbahnstraße zur Anwaltsprofession.

Die Tore zum juristischen Studium stehen offen. Nahezu alle Studiengänge kannten oder kennen Beschränkungen. Es war der politische Wille, die Abiturienten, die anderswo nicht unterkamen, aber Akademiker werden wollten, Jurist oder Lehrer werden zu lassen. Sorgsam pflegte man dieses Ziel. Kein wirkungsvoller numerus clausus, keine „aussiebende" Zwischenprüfung, kein letzlich durchgreifendes Hindernis begleitet die Studentin, begleitet den Studenten auf dem Weg zum ersten Staatsexamen. Man genießt zunächst ein Refugium der freien Studentenzeit, um erst in der zweiten Hälfte in die Examenshektik zu verfallen. Diese Hektik verteilt sich dann einmal auf den Repetitor, zum anderen auf die Bedingungen des Freischusses, in jedem Fall eine völlige Zentrierung und Focussierung auf das Examen. „Ich muss einmal sagen, dass der Freischuss zu einer spürbaren geistigen Verengung meiner Mitstudenten geführt hat", so der Diskussionsbeitrag einer fertigen Studentin 1998 auf einem DAV-Forum der jungen Anwälte. Sicher, man lernt notwendiges juristisches Rüstzeug. Die Seminare und Vorlesungen mit examensunwichtigen Nebenthemen arbeiten mit Teilnehmerzahlen, die an die begnadete Zeit der Alma Mater vergangener Jahrhunderte erinnern. Studentinnen und Studenten, die vernünftig sind, würden dies nutzen; aber was will die Vernunft schon sagen bei einem einzigen Universitätsexamen. Die Universitäten bemühen sich um die Vermittlung der Anwalts-Juristerei, zum Teil auf außerordentlich hohen Niveau. Der Erfolg hängt von der Einsicht der Studenten ab, dass Anwältin werden zu müssen eine reale Möglichkeit ist, oder von dem Willen, Anwalt zu werden oder von der Einbeziehung der anwaltlichen Themen in das Examen.

Man besteht die erste Prüfung, seit 2003 unterteilt in eine „universitäre Schwerpunktsbereichsprüfung" (so das Gesetz) und ein fortbestehendes Staatsexamen; sodann wartet man monatelang auf den Referendardienst. Eine Wartezeit, die sich jeder Verkürzung des Studiums und der Referendarzeit höhnisch entgegensetzt.

Referendarin und Referendar beginnen den zweiten Abschnitt ihrer Ausbildung, das zweite Staatsexamen, dessen Justizlastigkeit, trotz seit 2002 kräftig ausgedehnter Anwaltstationen fest im Kopf. Der eine will seine Marktchancen durch ein besseres Examen erhöhen, die andere will sich die Marktchance des ersten Examens nicht nehmen lassen. Die sichere Wahrscheinlichkeit, Anwalt zu werden, Anwältin werden zu müssen, verdrängt man; man glaubt, sich die alte volle Wahlfreiheit älterer Generationen durch ein gutes zweites Examen zu verdienen. Das gute zweite Examen als Entfesselung von dem Zwang, in das Überflussbecken der Anwaltsprofession zu fallen. Innerhalb der Referendarausbildung dehnen sich die Anwaltsstagen aus, werden zum Teil in Überfülle angeboten. Wer sehen kann, der sieht, worauf das hinausläuft, natürlich in die Befähigung zum Richteramt als der Weg in den Anwaltsberuf. Aber da bei den meisten der Lebensentwurf zunächst einmal beim zweiten Staatsexamen endet, ist es mit der Weitsicht nicht weither. Mitnichten ist man mit Herz und Seele bei der Anwaltsausbildung, mitnichten hat man sich schon für den Anwaltsberuf entschieden. All dies kommt ja in dem nächsten Lebensabschnitt, über den man noch nicht nachdenkt. „Sie können bei mir ihre Anwaltsstage machen, allerdings setzt dies voraus, dass sie präsent sind und arbeiten". „Aber sicher", so der Referendar, und fünf Wochen nach Beginn der Anwaltsstage kommt die vorsichtige Frage, ob man nicht neben den Arbeitsgemeinschaften noch mehr Freiheit für die Examensvorbereitung haben könne. Nein danke für solche Anwaltsstagen. Und dies auch dem Vorwurf entgegengesetzt, Anwälte würden in den Anwaltsstagen nicht richtig ausbilden. Wer bildet schon gerne Köpfe aus, die zwar hin und wieder physisch vorhanden, im Übrigen aber geistig woanders sind.

Dann das Warten auf das zweite Staatsexamen und seine Etappen, und die Zeit, die eigentlich für Grundentscheidungen des Lebens da ist, für entscheidende Lebensentwürfe, für unternehmerische Lebensentscheidungen, rinnt tatenlos den Referendarinnen und Referendaren zwischen den Fingern. Und viele merken es nicht.

Das zweite juristische Staatsexamen

Die Juristin ist 28 Jahre, der Jurist ist 29 Jahre, sie dürfen sich Volljurist nennen, sie haben bei guter Lebenserwartung ein Drittel ihres Lebens hinter sich, dazu eine Ausbildung, die, lauscht man den in Amt, Würden und Brot befindlichen Juristen, umwerfend gut ist und um die man von jedem ausländischen Land beneidet wird. Aber so recht will diese Juristen niemand. Die Justiz kann sich die besten nehmen, die Verwaltung sucht handverlesen, die Arbeitgeber der Industrie und Wirtschaft prüfen erbarmungslos nach. Auf dem internationalen Parkett wirkt man merkwürdig alt, wenn man mit den Mitbewerbern anderer Länder antritt, die drei bis fünf Jahre jünger sind. Ist man erst einmal 42, mögen drei bis fünf Jahre kein großes Gewicht haben, ist man 25 oder 30, kann dies über den Job entscheiden.

Art. 12 GG garantiert die freie Advokatur. Und wer bei uns die Befähigung hat, Richter zu werden, hat zwar nicht die Möglichkeit, Richterin zu werden, aber immerhin das Recht, Rechtsanwalt zu werden. Also werden unsere Juristen nach dem zweiten Staatsexamen in der Regel Rechtsanwältinnen und Rechtsanwalt.

Wollten sie eigentlich Richter werden, so ist es zu spät, heute eine andere Entscheidung zu fällen. Wer, hätte er früher den Fehlschlag erlebt, Ingenieur oder Geisteswissenschaftler hätte werden können und wollen, ist auf einmal zu alt, ein weiteres Studium zu beginnen, zu alt, um mit Jüngeren in Wettbewerb zu treten. Zudem hat man ihm auf einem behüteten Studienweg in einem bezahlten Beamtenverhältnis Spontaneität, Risikobereitschaft und Kraft genommen, das Lebenssteuer herumzureißen. Man startet nicht neu, sondern ist lieber schlechter Anwalt.

Um mit dem Selbstwertgefühl trotzdem klarzukommen, sollten diese jungen Juristen, das rate ich, sich ständig bei saturierten Juristen, seien sie Richter, Verwaltungsbeamte, Anwälte oder Industriejuristen, umhören: Sie haben eine wunderbare Ausbildung hinter sich. Ansonsten merken sie es nicht.

Reformen

Die Juristenausbildung steht immer wieder zur Reform an. Jede Reform ist der Beginn der nächsten. Dies galt auch für das ausgehende 20. Jahrhundert und gilt für das 3. Jahrtausend. Der Gesetzgeber bleibt in kleinen Detailkorrekturen hängen. Diskutiert wird im obrigen das Grundsätzliche.

Die Gegner formieren sich unverändert. Es ist eine merkwürdige Koalition der – man begreife dies als Metapher – pensionierten Oberlandesgerichtsräte und beamteten Referendare. Die einen wissen nicht, warum etwas geändert werden soll, das sie doch mit vollbefriedigenden oder guten Examen hoch in Staatsämter geführt hat. Die anderen wollen nicht, dass man ihnen ebendiese Chance nimmt, ohne die Bonität der Chance überhaupt zu wägen, vielleicht haben sie aber auch nur instinktiv Angst vor Leben und Realität. Der Deutsche Anwalt-Verein und die Bundesrechtsanwaltskammer legten die Y- und V-Modelle vor. In beiden Fällen sollte in der Ausbildung der Einheitsjurist verlassen und eine gezielte Berufsausbildung das Ziel sein. Das V-Modell des DAV sieht vor, nach dem ersten Universitätsexamen die Ausbildung in eine Anwaltsausbildung, Verwaltungsausbildung und Justizausbildung aufzuspalten. Das Y-Modell der Bundesrechtsanwaltskammer gleicht dem, sieht nur die Trennung zu einem Zeitpunkt während des zweiten Ausbildungsabschnitts vor.

Der Deutsche AnwaltVerein kam sich mit seinem V-Modell recht radikal vor und musste sodann überrascht feststellen, dass er 1999/2000 auf der Schiene der Radikalität von den Justizministerinnen und Justizministern überholt wurde. Das Modell der JuMiKo (Justizministerkonferenz) hat folgende Grundstruktur: Die Universitätsausbildung wird zu einer vollwertigen Juristenausbildung, in der auch die Praxis einbezogen wird. Die Anzahl der Studentinnen und Studenten pro Semester wird radikal gesenkt. Der Jurist ist mit dem Universitätsexamen fertig. Sodann können die zukünftigen Arbeitgeber ihren eigenen Maßstab anlegen, einstellen und auswählen. Anwältin und Anwalt kann werden, wer nach diesem Examen etwa zwei Jahre bei einem Anwalt gearbeitet hat. Ein weiteres Examen ist nicht vorgesehen. Während jeder Arbeitgeber also weiter auswählen darf, dient der Anwaltsberuf weiterhin als Auffangbecken für alle Juristen, die keinen Arbeitgeber finden. Für die Anwaltschaft war dies völlig indiskutabel.

Richtig ist (wiederum allgemein und grundsätzlich), den Zeitpunkt der Berufsentscheidung um Jahre vorzuverlegen. Heute entscheidet die 29-Jährige oder der 30-Jährige, welchen Berufsweg er/sie gehen soll. Das ist zu spät. Das ist diesen Menschen gegenüber, man kann kaum von jungen Menschen sprechen, unverantwortlich. Die Entscheidung muss er mit 25 Jahren treffen können. Stellt er nach dem Universitätsexamen fest, dass er nicht Richter werden kann und nicht Anwalt werden will, kann er seinen Lebensentwurf und die Lebensentscheidung noch ändern. Es ist auch nicht zuviel verlangt, von einem jungen Menschen mit 25 Jahren die Entscheidung zu erwarten, welche Profession er ergreifen will. In anderen Bereichen wird diese Entscheidung sehr viel früher getroffen; mit 18 Jahren kann er „frei" heiraten und eine Familie gründen. Auch ausbildungsmäßig ist eine solche Entscheidung vernünftig. Entscheidet sich die junge Juristin mit 25 Jahren, Anwältin werden zu wollen, so lohnt die Ausbildung. Man bildet sie für den Beruf aus, den sie ausüben will. Man bildet sie nicht für eine, wenn auch illusionäre, freie Wahlentscheidung aus, wie dies zur Zeit in der Referendarausbildung der Fall ist. Auch der Anwalt wird sehr viel motivierter und ernster die Ausbildung akzeptieren als der Referendar, der Anwaltsstagen als Durchlaufzeiten zur Examensvorbereitung begreift. Dieses Vorziehen der Lebensentscheidung ist richtig.

Der fertige Universitätsjurist kann jedoch ebenso wenig unkontrolliert Rechtsanwalt werden wie der Universitätsjurist Richter werden kann. Wenn dieser Jurist das verfassungsrechtlich verbriefte Recht haben würde, Richter oder Beamter zu werden, so kann die Anwaltschaft mit einem gleichen Recht leben; nicht aber mit der Asymmetrie, die der Staatsverwaltung die Juristen aussuchen lässt, während die Anwaltschaft jeden nehmen muss, der sich auf das Recht beruft, Anwalt zu werden.

Nach dem universitären Abschluss ist die Anwaltsausbildung notwendig. Sie ist übrigens nichts Neues. Auch heute bilden Anwälte ihre Anwältinnen und Anwälte nach dem zweiten Staatsexamen aus. Die Ausbildungsphase, die zwei bis drei Jahre nach dem zweiten Staatsexamen dauert, wird vorgezogen. Da das zweite Staatsexamen fehlt, muss sie jedoch leistungskontrolliert sein und mit einem Anwaltsexamen abschließen. DAV und BRAK sind von den Justizministern gefragt worden, ob das Anwaltsexamen „verhandelbar" ist. Beide Organisationen haben dies verneint.

Die Justizministerinnen und Justizminister wollten kein Anwaltsexamen. Sie wissen nicht, wohin mit den Juristen, die dann keinen Job finden. Hierfür trägt die Anwaltschaft keine Verantwortung. Die verfehlte universitäre Zulassungspraxis, unkontrolliert Abiturienten in die juristische Ausbildung zu lassen, kann nicht auf dem Rücken der Anwaltschaft korrigiert werden.

Diese geplante Radikal-Reform scheiterte auf der Justizministerkonferenz im Herbst 2000 in Brüssel. Man schuf 2003 „Übergangslösungen", die letztlich eine kleine Reform ohne zeitliches Ende darstellen. Man schnitt die Referendarausbildung noch mehr auf den Anwaltsberuf zu (neun Monate Pflichtstation bei einem Anwalt) und spaltete das erste Staatsexamen in einer universitäre und eine Staatsprüfung. Ändern sich jedoch die Examensinhalte nicht, löst dies nicht die Probleme der Anwaltschaft. Referendare werden auch in diesem Fall das lernen, was das Examen ihnen abverlangt. Eine Ausdehnung der Anwaltsstagen kann nur dann reformierend wirken, wenn das harte Anwalts-Know-how Prüfungsgegenstand wird. Nur dann, wenn die junge Juristin, die Rechtsanwältin werden will, sich im Anwaltsexamen zu Hause fühlt, gibt es eine hinnehmbare Zwischenlösung. Ist das zweite Staatsexamen letztlich immer noch eine Heimstatt der Richter und Beamten, sind Übergangslösungen für Rechtsanwälte Scheinreformen.

Die Anwaltsprofession ist nicht der Gesetzgeber. Letztlich wird sie es nicht hindern können, dass die Parlamente eine Juristenausbildung beschließen, die weiterhin die Anwaltsprofession als Auffangbecken benutzt, oder eine Reform unterlässt, was auf das Gleiche hinausläuft.

Die Politik braucht dieses Ventil; gegen diesen politischen Willen scheint kein Kraut gewachsen.

Oder doch? Europa verordnete jedweder Berufsausbildung den Bologna-Prozess. Kurze, straffe Universitätsausbildung; der Student ist Bachelor. Wer mehr will, insbesondere die wissenschaftliche Breite und Tiefe, steuert anschließend den Master an. Ablehnung bei allen Justizverwaltungen, Richtern- und Anwaltsorganisationen. Das war ein Angriff auf das Herzstück der deutschen Juristenausbildung, die stolz darauf ist, dass der junge Jurastudent auch an der Universität die universitäre Freiheit genießt (wie immer er diese versteht). Inzwischen bröckelt die Front. BRAK und DAV öffnen sich den europäischen Vorgaben, aber mit Vorsicht, mit Vorbehalten. Gesetzlich steht nichts auf der Agenda. Aber die Diskussion um die Juristenausbildung nimmt ihren Fortgang.

Wege in den Anwaltsberuf

Wie kommen die examinierten Juristen nun in diese Profession, die, aus ihrer Sicht, ein Angebotsmarkt darstellt, wobei sie die Anbieter sind?

Kümmern wir uns an dieser Stelle nur flüchtig um die durch Examina, Dissertationen und Auslandsstudium ausgewiesenen Besten der Bewerber. Sie bewegen sich kaum am offenen Markt. Nach ihnen wurde bereits vorher gesucht. Über Referendarausbildung oder sonstige Netzwerke haben sie ihre Position. Es gibt Jobbörsen für junge Juristen, in denen sich Angebot und Nachfrage präsentieren. Ich war auf einer solchen Veranstaltung. Die großen Büros hatten Stände und präsentierten sich mit Partnern den nachfragenden jungen Juristen. Ich kam mir zunächst wie auf einer Hochzeit oder einer Jubiläumsveranstaltung vor. Die jugendliche Crème de la Crème war uniform in dunklen Anzügen und Krawatte erschienen, während für die Damen, angenehme Ausnahmen bestätigen die Regel, Blazer oder Kostüm Pflicht war. Bei diesen Besten der Besten dachte der Veranstalter eigentlich, die Nachfrage läge auf der Seite der Anwaltsbüros, subjektiv blieben jedoch die jungen Juristen die Nachfrager. Sie waren gekommen, um sich zu präsentieren, nicht um Nachfrage nachzusuchen.

Für andere steht der normale Weg der Bewerbung offen. Man bewirbt sich auf Anzeigen und ist sicher, ein Einzelstück in einem großen Stoß von Bewerbungen zu sein. Man muss schon Originalität und Besonderes in die Bewerbung hineingeben, um aufzufallen, um zur Kenntnis genommen zu werden. Hat man dies, sind die Spitzenexamina nicht ein Muss. Jeder jungen Juristin und jedem jungen Juristen sei deutlich gesagt, dass die von Qualitätsansprüchen strotzenden Anzeigen der großen Kanzleien in Zeitschriften und im Internet nicht nur ein Mittel der Nachfrage nach Nachwuchs sind, sondern eine eigene Werbung und Präsentation am Anwaltsmarkt. Und wer möchte hier schon Dritten dokumentieren, dass man auch andere Juristinnen und Juristen nimmt als solche, die 24 Jahre sind, Spitzenstaatsexamen haben, promoviert und über eine ausreichende Auslandserfahrung verfügen, die dort natürlich auch mit Examina beendet wurde. Nein, denken Sie daran, diese Anzeigen haben die Doppelfunktion, den jungen Anwalt, die junge Anwältin zu suchen und sich Dritten als Spitzenbüro zu präsentieren.

Der junge Jurist kann selbst eine Anzeige aufgeben, was aber nur dann sinnvoll ist, wenn er in der Anzeige auf eine Besonderheit hinweisen kann, die es für einen Bewerber interessant macht, ihn anzuschreiben.

Im Übrigen ermuntere ich zur nicht an- und aufgeforderten Spontan- oder Blindbewerbung. Bewirbt sich der junge Jurist auf eine Anzeige, ist er einer unter vielen. Schreibt er, ohne durch eine Anzeige angeregt zu sein, ein Büro an, wird seine Bewerbung in jedem Fall individuell betrachtet und geprüft.

Bewerbungen, gleichgültig, ob auf Anzeige oder ohne Anzeige, müssen adressatenbezogen sein. Wir sind ein Steuerbüro. Wenn mir eine junge Kollegin schreibt, sie möchte gerne bei mir eine Anstellung finden und sie habe sich im Familienrecht spezialisiert, so weiß ich sofort, sie hat einen ähnlichen Brief an eine Vielzahl von Kolleginnen und Kollegen geschrieben. Der Computerausdruck verdeckt nur mühsam das jeweils identische Bewerbungsschreiben. Nein, Sie müssen sich demjenigen, bei dem Sie sich bewerben wollen, konkret vorstellen, um mit wenigen Sätzen zu sagen, Sie sind es, zu dem ich will, gerade bei Ihnen möchte ich beginnen. Bauen Sie ruhig auf die menschliche Schwäche, dass derjenige, der so angesprochen wird, schon seiner eigenen Selbsteinschätzung wegen eine positive Beziehung zu dieser Bewerbung hat.

Verwenden und verschwenden Sie Mühe auf die Bewerbung. Sie muss kein kleines Kunstwerk sein, wie ich das bei Architekten gesehen habe. Aber über die Fertigkeit dessen, was unseren Beruf ausmacht, sollte Sie schon Auskunft geben. Die mitgeteilten Daten sollten vollständig sein, aber nichts Überflüssiges, Eiteles enthalten. Die Sprache sollte zeigen, dass der Bewerber dieses Handwerkszeug des Anwalts kennt. Und, ob man will oder nicht, jeder Fehler in der Orthografie und der Zeichensetzung ist eine Sünde.

Und ich gebe Ihnen noch einen Rat, obwohl er vielleicht den Besten unter Ihnen nicht passt. Wenn es um Terminvereinbarungen, um mehrfaches Vorstellen geht, seien sie höchstmöglich flexibel. Ich habe manchmal den Eindruck, der Bewerber wolle durch Härte im Vorstellungsbereich bereits beweisen, dass er ein durchsetzungsstarker Anwalt ist. Das Gegenteil ist der Fall. Wie die Sache auch liegt, es will die Anwältin, es will der Anwalt den Markt betreten. Sie suchen nach der Türöffnung. Wer sie sucht, muss flexibel sein. Und Ihr zukünftiger Arbeitgeber und Partner wird dieses Verhalten auch unter dem Aspekt beobachten, ob Sie das Zeug zum Anwalt haben. Starke Persönlichkeiten, die mit dem Kopf gegen die Wand rennen und die etwas versetzte Tür nicht sehen, sind in der Regel auch schlechte Anwälte. Der Anwaltsberuf verlangt von Ihnen ständig, gegebenenfalls auch durch Türen zu gehen, die vielleicht für Sie zu klein sind.

Schaffen Sie sich persönliche Netzwerke. Ein nennenswerter Anteil junger Anwältinnen und Anwälte finden ihren Beruf ohne Bewerbung, allein dadurch, dass sie sich bekannt gemacht haben, dass sie Bekanntschaften gepflegt haben. Wer als Student, als Referendar, als freier Mitarbeiter gut war und aufgefallen ist und wer signalisiert, dass man den Kontakt aufrecht erhalten will, macht es auch dem anderen leicht, auf ihn zurückzugreifen. Jeder nimmt die Juristin oder den Jurist lieber, die oder den er kennt, als sich aus einem Stapel von Bewerbungen eine Person herauszusuchen. Beschränken Sie diese persönlichen Netzwerke nicht nur auf die Anwaltschaft, sondern auf den ganzen juristischen administrativen Bereich. Wer in einer Umweltbewegung tätig ist und Kontakte zu

Umweltorganisationen hat, sollte diese pflegen. Einmal ist es immer bedenklich, sich ausschließlich auf einen Beruf zu konzentrieren, zum anderen kann der Umweg über einen Verband, über eine NGO, über eine Bürgerbewegung wiederum zum Einstieg in den Anwaltsberuf werden. Im allgemeinen politischen Bereich, auch im internationalen Bereich nimmt die Wirkungskraft persönlicher Netzwerke zu. Was hier im Großen gilt, sollte sich jeder auch in seiner „kleinen Welt" einrichten. Allein ein bestimmtes Examen zu haben, sagt nur eines, dieses Examen mit dem persönlichen Eindruck einer Person zu verbinden, addiert nicht nur 1 + 1, sondern vervielfältigt die Chancen. Die persönliche Aktivität, der persönliche Eindruck können auch schlechte Examina oder mittelmäßige Examina mühelos ausgleichen.

Sie haben nicht den Mut, direkt als Anwalt Anwältin zu starten. Sie suchen den Umweg. Auch das ist möglich. Sie können bei einem Verband, bei der Finanzverwaltung, im Staatsdienst, bei industriellen Auftraggebern anfangen und die Augen offen halten, ob Ihnen der Einstieg an anderer Stelle in den Anwaltsberuf gelingt oder ob Sie hier die notwendige Erfahrung und die notwendige Kraft sammeln, sich selbständig zu machen. Letzteres ist wichtig. Denn eine Gefahr müssen Sie bannen: Jedes Angestelltenverhältnis gibt Sicherheit und korrumpiert. Mit dem befriedigenden Gefühl der Sicherheit verlieren Sie das entscheidende Merkmal für den Start in den unternehmerischen Anwaltsberuf: Die Lust am Risiko, an der Unsicherheit.

Und schließlich haben Sie das zweite juristische Staatsexamen und starten unmittelbar in den selbständigen Anwaltsberuf, alleine oder zu mehreren, als Anwältin oder als Anwalt. Sie sind heißhungrig auf diesen unternehmerischen Start. Sie zappeln durch die Referendarzeit ob ihrer Bremsfunktion. Dann wird er gelingen; ich versichere es Ihnen. Oder sie gehen ihn ängstlich an. Der Appetit kann beim Essen kommen, wenn Sie nur den Erfolg wollen.

Wollen Sie eigentlich alles andere werden, nur nicht Anwalt, dann allerdings wird der Beruf zur Qual. Hier unterscheiden sich dann die Muss-Anwälte von den Lust-Anwälten. Böse hat mir einmal ein Kollege diese Entscheidung vorgehalten. Er sei Muss-Anwalt, weil er nicht Richter habe werden können; und heute sei er in seiner Stadt erfolgreicher Anwalt. Ich habe ihm zurückgeschrieben, er bestätige, was ich gesagt habe. Denn jeder Muss-Anwalt kann, wenn er denn will, mit Lust und Engagement seine Existenz dahingehend ändern, dass er schließlich gerne Anwalt ist. Die Anwaltschaft wird gefährdet durch ständige Muss-Anwälte.

Angestellter und Freier Mitarbeiter

Wenn es zu den Essentialia unserer Profession gehört, unabhängig zu sein, so darf es eigentlich den angestellten Anwalt, die angestellte Anwältin, nicht geben, wohl gemerkt den Anwalt, der als Anwalt angestellt ist. Gleichwohl gibt es ihn. Er ist unstreitig anerkannt. Anders als das Steuerberatungsgesetz (§§ 58, 59 StBerG) erwähnt die Bundesrechtsanwaltsordnung den angestellten Anwalt nur am Rande (§§ 56 Abs. 2 Nr. 1, 59 b Abs. 2 Nr. 8 BRAO). Die Berufsordnung nimmt sich seiner in § 26 BORA an, bestimmt hier die angemessenen Anstellungsbedingungen, ohne ein Wort zur Unabhängigkeit zu verlieren. Sieht man, mit welcher Sorge der Gesetzgeber in § 59 f. Abs. 4 BRAO die Unabhängigkeit der Geschäftsführer einer Anwalts-GmbH zu sichern sucht, so erstaunt dies, aber vielleicht nur den Neuankömmling im Anwaltsrecht. Für alle anderen ist der angestellte Anwalt Selbstverständlichkeit geworden.

In der Literatur wird die Unabhängigkeit des angestellten Anwalts mit dem Postulat gerettet, der Arbeitgeber dürfe in die Unabhängigkeit der anwaltlichen Tätigkeit des Angestellten nicht eingreifen. Das schreibt sich gut auf geduldigem Papier. Natürlich wird in die Arbeit des angestellten Anwalts in der Praxis ständig hineinregiert. Richtig ist allein die Feststellung, der angestellte Anwalt ist von Gesetz, Rechtsprechung und Praxis anerkannt. Die Unabhängigkeit leidet hier Schaden. Und daher ist die angestellte Anwältin stets „auf dem Weg zur Rechtsanwältin", aber noch keine Vollanwältin. Der Dauerangestellte ist nie Vollanwalt.

Der Freie Mitarbeiter in seiner real-typischen Form ist steuerrechtlich, arbeitsrechtlich und sozialversicherungsrechtlich Angestellter. Niemand Außenstehender wird in einer Anwaltspraxis den echten Angestellten von dem Freien Mitarbeiter unterscheiden können. Dies ist eine Feststellung, die Sozialversicherungsrechtler, Arbeitsrechtler und Steuerrechtler seit Jahren treffen. Nur verhalten protestiert die Anwaltschaft in Wort und Argument. Man handelt wirkungsvoller: Man beschäftigt weiterhin Freie Mitarbeiterinnen und Mitarbeiter. Und da die Mehrzahl der Kolleginnen und Kollegen so handelt, war es keine große Schwierigkeit, den Freien Mitarbeiter in der Berufsordnung zu installieren (§§ 9, 10 BORA). Durch die Gesetzgebungsmaßnahmen und durch die Diskussion zur Scheinselbständigkeit Ende der neunziger Jahre begehrte man auf, weil man glaubte, der Freie Mitarbeiter werde hierdurch „abgeschafft"; dabei war er nie existent. All dies kann ich mit dieser Eindeutigkeit schreiben, ohne sie mit der Hoffnung zu verbinden, dass sich in unserer Profession etwas ändert.

Was mein Engagement, was das Engagement vieler Kollegen auslöst, ist die nackte ökonomische Tatsache, dass die Stellung des Freien Mitarbeiters ausschließlich dem Auftraggeber dient, dass er selbst nur Nachteile einfährt. Der Freie Mitarbeiter sei frei in der Arbeitszeit. Das ist in der Realität nicht so. Der freie Mitarbeiter könne auch andere Mandate annehmen. Das ist real nicht so. Dem Freien Mitarbeiter könne ein höheres Entgelt gezahlt werden, da der Auftraggeber die Sozialversicherungsbeiträge spare. Einmal ist dies nicht so. Zum anderen wird nicht kalkuliert, was der freie Mitarbeiter selbst aufwenden muss. Der Freie Mitarbeiter könne mehr steuerlich absetzen als der angestellte. Da der Freie Mitarbeiter in der Regel ein solcher nicht ist, kann er auch keinen Betriebsausgabenabzug geltend machen, sondern ist steuerlich zu behandeln wie ein Arbeitnehmer. Dem Freien Mitarbeiter werde der Weg auf dem Briefkopf eröffnet. Dieser Weg steht auch dem angestellten Mitarbeiter offen (§§ 9, 10 BORA). All dies kann ich in dieser Eindeutigkeit feststellen, wohl wissend, dass sich ohnehin nichts ändern wird.

Beide – angestellte und Freie Mitarbeiter – dürfen in den Praxisnamen aufgenommen werden (§§ 9, 10 BORA). Zivilrechtlich sind sie Scheinsozien. Sie haften wie Scheinsozien. Diese Haftung wird daraus hergeleitet, dass sie als Schein-Gesellschafter den unwahren Schein erwecken, Gesellschafter zu sein. Warum unsere Berufsordnung den jungen Kolleginnen und Kollegen erlaubt, mit einer Unwahrheit in den Markt einzudringen, ist ein ständiges Ärgernis.

Angestellte und Freie Mitarbeiter tragen den Marschallstab im Tornister. Durchweg gilt: Es ist ein Zwischenstadium zum Partner. Der dauerhaft angestellte Rechtsanwalts-Angestellte ist noch nicht weit verbreitet. Man findet ihn allenfalls bei der Rechtsanwältin, die der Familie und den Kindern den Vorrang gibt und bewusst nur den Halbtagsjob als Angestellte sucht. Dieses Ausblenden einer Berufsmöglichkeit wird auf die Dauer nicht durchzuführen sein. Wenn die Angestellten in einer Sozietät, die Partner werden können, zahlenmäßig die Partner überwiegen, die ausscheiden, werden die Sozietäten immer größer. Hat jeder Partner einen oder mehrere angestellte Zuarbeiter, um den sog. Leverage-Effekt zu nutzen, wächst die Partnerschaft exponential. Jeder weiß, dass dies auf die Dauer nicht geht. Entweder muss die Auswahl der Partner härter differenzieren. Partnerschaft oder Kündigung müssen grausamer exerziert werden. Oder aber man führt den dauerhaften hochqualifizierten angestellten Anwalt ein. Jede junge Anwältin und jeder junge Anwalt muss diese statistische und wirtschaftliche Gegebenheit deutlich sehen. Er wird seine Erwartungen nie aus der Situation der Spitzenleute in der Sozietät ableiten können, weil das berufliche Umfeld, das seinen Eintritt in die Sozietät bestimmt, ein anderes ist als das berufliche Feld, in welchem die Senioren die Sozietät gründeten, in sie eintraten oder als Einzelanwalt starteten. Die berufliche Chance ist nur aus dem Jetzt abzuleiten, nicht aus Möglichkeiten der Vergangenheit. Für den dauerhaft angestellten Anwalt wird das Merkmal der Unabhängigkeit neu zu definieren sein. Der Arbeitgeber wird nicht nur theoretisch, sondern tatsächlich die Schranken ziehen und beachten müssen, die ihm der Eingriff in die anwaltliche Unabhängigkeit des Angestellten zieht.

Fazit: Heute können Anwältinnen und Anwälte unter erschwerten Bedingungen Partner werden, sie können sich das Berufsfeld des hochqualifizierten angestellten Anwalts erarbeiten oder erkämpfen, sie können sich rechtzeitig abspalten, um die eigene Praxis zu gründen oder sie scheiden aus der Anwaltschaft aus.

Die Zusammenarbeit – Die Sozietät

Der Zusammenarbeit im Anwaltsberuf bieten sich verschiedene Formen an: Angestelltenverhältnis, Freie Mitarbeit, Bürogemeinschaft, Sozietät (Gesellschaft des bürgerlichen Rechts), Partnerschaftsgesellschaft, GmbH und – gesetzlich noch nicht geregelt – Aktiengesellschaft; hinzutreten ausländische Rechtsformen, insbesondere die englische Limited liability partnership (LLP). Ich schreibe hier nicht zu den einzelnen Rechtsformen, sondern zu Wesensmerkmalen der Zusammenarbeit, wobei ich die Sozietät, die Gesellschaft des bürgerlichen Rechts, als Beispiel nehme.

Dem Anwalt ist die Sozietät geläufig, so scheint es. Wenn es aber um die eigenen Verhältnisse geht, so erweist sich auch hier, dass des Schusters Kinder die schlechtesten Schuhe haben. Wird der Anwältin aus wohlerwogenen Gründen von einer Bürogemeinschaft, von einem Freien Mitarbeitsverhältnis mit einer Kollegin oder einem Kollegen abgeraten, so lässt sie das ganze Projekt der Zusammenarbeit fallen. Die Aufnahme eines Partners als Sozius scheidet für ihn aus; er begreift sie als die Übertragung eines Teils seines Vermögens, als begrenzte Vollteilhabe. Dass gerade durch das Gesellschaftsrecht der §§ 705 ff. BGB der Übergang zum Angestellten, zum Freien Mitarbeiter, zur Bürogemeinschaft außerordentlich fließend und flexibel gestaltet werden kann und dass das problematische Angestelltenverhältnis, das problematische Freie Mitarbeiterverhältnis und die problematische Bürogemeinschaft durch die erste Stufe einer (unproblematischen) Sozietät mit geringen Rechten des Partners ersetzt werden kann, liegt ihm oft fern. Dabei sprechen gewichtige Gründe für die Zusammenarbeit in einer Sozietät. Eigentlich muss die Praktizierung als Einzelanwalt gerechtfertigt werden, nicht die in einer Gesellschaft.

Beginnen wir mit der internen Sicht der Zusammenarbeit, und hier mit einem Grund, dem die Offensichtlichkeit fehlt, der aber die eigentliche Verursachung des Synergieeffekts der Sozietät ist: Die Sozietät steht unter dem Gebot der „Sozialisierung der Berufsarbeit". Sie zwingt zur ständigen Kommunikation mit den Partnern. Erfahrungen und Wissen werden ausgetauscht, dies nicht nur in formalisierten Sozietätskonferenzen, sondern insbesondere in dem tagtäglichen Gespräch „zwischen Tür und Angel". Die eigene Unsicherheit bei Antworten auf beratungserhebliche Fragen kann durch eine kurze Rückfrage beseitigt oder als berechtigt anerkannt werden. Die eigene Sicherheit kann in gleicher Weise zu Recht verunsichert werden. Der informelle Know-how-Transfer von neuen Erkenntnissen, Erfahrungen, Rechtsmeinungen und Urteilen ist außerordentlich effektiv.

Die Partnerschaft ist eine Leistungsgemeinschaft. Das bleibt nicht ohne Auswirkungen auf die Zielverfolgung selbst. Sozien stehen in ständiger unausgesprochener wechselseitiger Kontrolle, in wechselseitigem Wettbewerb und damit in wechselseitigem Ansporn. Wer morgens erst gegen 11.00 Uhr die Praxis zu betreten pflegt und den Partner bereits bei der Arbeit findet, steht, selbst wenn er Seniorpartner ist, unter dem sanften Druck, früher zu beginnen. Schafft es der Partner, in besonderer Weise das Vertrauen des Mandanten zu erringen und zu verfestigen, so ist dies Ansporn für die Mitgesellschafter. Die Partnerschaft ist ein Mittel gegen Selbstgefälligkeit, Bequemlichkeit, gegen das „Sich gehen lassen", gegen Eigenheiten, die sich bei dem weniger kontrollierten Einzelanwalt herausbilden können.

Das wirkt zurück auf eine stärkere Persönlichkeitsbildung. Es ist trivial, hier festzuhalten, dass die Persönlichkeit nicht mit Dreißig perfekt ist. Je weiter sie gefordert wird, um so mehr bildet sie sich aus. Eine auf Kommunikation, Rücksicht, Fordern und Gewährenlassen ausgerichtete Partnerschaft bildet einen anderen Anwalt, eine andere Anwältin, als den mehr zufälligen Einflüssen ausgesetzten Einzelanwalt.

Aus dieser zusammenwirkenden Kommunikation, Leistungserbringung und Persönlichkeitsformung sollte sich auch eine einheitliche „Unternehmenskultur" entwickeln. Hierunter verstehe ich ein Werte-, Vorstellungs- und Normengerüst, das alle Partner und Mitarbeiter entweder als selbstverständlich erachten oder von dem sie wissen, dass es in der Sozietät als Grundlage der Arbeit gefordert wird. Die Unternehmenskultur beschränkt sich nicht auf Rechtsregeln, sondern umschließt das gesamte System der die menschlichen Handlungen bestimmenden Faktoren.

Auch aus Marketingsicht ist die Sozietät in der Regel dem Einzelberater vorzuziehen. Am Markt bietet sie sich als fester Organismus an, der unabhängig von der Leistungsfähigkeit des Einzelnen arbeitet. Krankheit, Urlaub etc. des Einzelnen werden in der Partnerschaft aufgefangen. Im Wettbewerb wird dies nicht bewusst reflektiert, jedoch mit den Prädikaten größerer Beständigkeit und Zuverlässigkeit positiv aufgenommen.

Hinzu kommt, dass bei einem breit gefächerten Leistungsangebot die Sozietät eher darauf hinweisen kann, dass sich ein Partner für bestimmte Fragen spezialisiert hat, ohne dass die Sozietät insgesamt zur reinen Spezialistensozietät auf diesem Gebiet wird (was natürlich auch möglich ist). Der Einzelberater bleibt auch bei der Spezialisierung alleine.

Schließlich treten praktische Überlegungen und Vorteile hinzu. Die Vertretung bei Urlaub, Krankheit, Fortbildung kann in der Sozietät nicht nur im Hinblick auf die Außenwirkung, sondern auch für den Partner besser geregelt werden. Mir ist es manchmal rätselhaft, wie Einzelanwälte ihre Fristenkontrolle haftungs- und versicherungssicher meistern. Sie bleibt in der Sozietät auch bei der Abwesenheit möglich. Bei einem Einzelanwalt muss sie schon sehr ausgefeilt und exzellent sein, um die Risiken sicher aufzufangen.

Die Sozietät führt zu einer höheren Effizienz. Ihre Formel ist, was Effizienz, Leistung und Gewinn angeht, 1 + 1 = 3. Muss man sich eingestehen, dass die Formel 1 + 1 = 2 lautet, kann man die Sozietät lassen. Damit wird auch das abwehrende Argument, in der Sozietät müsse man teilen, aufgehoben. Gilt nämlich für die Effizienz die eben genannte Formel, so hat man eben mehr zum Teilen.

Wird der Start in die Sozietät gewagt, ist die vertragliche Grundlage notwendig. Zwar ist es richtig, dass die beste Partnerschaft die ist, die keiner vertraglichen Regelung bedarf. Zwar ist die Metapher richtig, dass jede Sozietät abends beendet und am nächsten Morgen neu begonnen wird. Richtig formuliert sollte dies jedoch nur heißen, dass dort die beste Sozietät ist, wo man sich nicht gegenseitig ständig den ausgehandelten Vertrag vorhalten muss. Als Netz muss es den Vertrag auch in der guten Partnerschaft geben. Wenn es in der jahrelang besten Partnerschaft plötzlich und unerwartet zu Problemen kommt, kann das Fehlen einer eigenen vertraglichen Vereinbarung katastrophal sein.

Wird der Vertrag notwendig, fehlt er, hilft es nicht, dass es bereits seit Jahren diskutierte Entwürfe gibt. Entwürfe ersetzen keinen Vertrag, auch wenn sie oft als Alibi herhalten. Anwältinnen und Anwälte stellen sich bei eigenen Sozietätsverträgen oft so an, dass man sie keinem Mandanten anempfehlen möchte, um einen Gesellschaftsvertrag zu entwerfen. All dies gilt auch für die notwendige Änderung und Anpassung eines Sozietätsvertrags. Dieser ist nicht ein statisches, ewiges Etwas. Er muss von Zeit zu Zeit überprüft werden. Stimmt die Gewinnverteilung noch? Stimmen bestimmte Vorrechte für einzelne Sozien noch? Gehen die Vorrechte des Seniorpartners noch in Ordnung? Stimmt die Abfindungsklausel noch? Wenn im Sozietätsvertrag ein Altbestand, der sich inhaltlich überlebt hat, nur der Vereinbarung wegen und, um niemanden auf die Füße zu treten, fortgetragen wird, führt dies irgendwann zu bitteren Komplikationen.

Wie bewirke ich, dass die Anwältinnen und Anwälte in einer Sozietät tatsächlich den gemeinsamen professionellen Zweck verfolgen? Wie bewirke ich, dass sie – der steuerliche Begriff trifft den Nagel auf den Kopf – Mitunternehmer sind? Wie führe ich insbesondere die jüngeren Partner in die Mitunternehmerschaft hinein? In größeren Sozietäten heißt der formale Schritt der Aufnahme in die Partnerschaft noch lange nicht, dass dieser Anwalt Mitunternehmer wird. Er war vorher Angestellter und wird substanziell allenfalls leitender Angestellter, was oft schon als Vorteil zu begreifen ist. Hat er nicht die Chance, die Zukunft der Sozietät jetzt oder in Zukunft zu beeinflussen, gewährt man ihm keine Informationen und keine Transparenz, kann man sich nicht darüber beklagen, dass er die Vier-Uhr-Termine lieber außerhalb des Hauses sucht, weil er dann am Ende des Termins direkt nach Hause kann und nicht mehr ins Büro zurück muss.

Als junger Partner haben mich in meiner ersten Sozietät zwei Dinge beeindruckt und in meiner Mitunternehmerstellung gefördert: Ich konnte von Beginn an alleine darüber entscheiden, ob Mandate angenommen oder beendet wurden. Außerdem wurde den Mandanten kein Appellationsrecht an ältere Sozien gewährt. Zwar wurden bestimmte Maßnahmen bei Beschwerden diskutiert. Es gab jedoch nie eine Anweisung, ein Mandat anders zu führen, als ich dies für richtig hielt. Es gab nie die Anweisung, das Mandat auf einen Partner zu übertragen. Dies ist nicht immer möglich, zumal dann, wenn es der Sozietät schlecht geht. Aber als Leitlinien sind diese Regeln zur Förderung der Mitunternehmerschaft so schlecht nicht.

Mitunternehmerschaft heißt Gewinnbeteiligung. Alle Partner müssen am Gewinn beteiligt sein. Sie müssen den Gewinn kennen. Sie sollten über Umsatz- und Gewinnermittlung laufend unterrichtet werden. Mit einer Gewinnbeteiligung verbindet sich durchaus ein Fixum in den ersten Jahren. Aber die Perspektive muss da sein, nach einer Übergangszeit eine echte Gewinnbeteiligung zu haben.

Die Beteiligung muss an dem Gesamtgewinn erfolgen. Damit sind die häufig anzutreffenden Vorbehalte zugunsten von Nebeneinkünften angesprochen. Die Einnahmen aus schiedsrichterlicher Tätigkeit, aus Testamentsvollstreckungen, Liquidationen, aus einer Betreuungstätigkeit, aus Vorträgen und Aufsätzen werden ohne Anrechnung auf den Gewinnanteil konkret dem leistenden Partner zugerechnet. An bestimmten Einnahmen werden also nicht alle Mitunternehmer beteiligt. Sie werden damit zu einer ständigen Quelle des Ärgernisses. Bereits mit der Vereinbarung ist der Verdacht geschaffen, dass ein Partner dort intensiver arbeitet, wo ihm das Entgelt alleine zusteht. Im nächsten Schritt wird gefordert, auch bestimmte Betriebsausgaben konkret zuzuordnen. Die einheitliche Gewinnermittlung teilt sich in einzelne Gewinnermittlungen auf. Ebenso wie jede Einzeltätigkeit in den Praxiswert der Sozietät einfließt, ist es auch sinnvoll, alle Einnahmen zu poolen. Natürlich kann dies im Einzelfall ungerecht sein. Wird der Seniorsozius im angesehenen Alter noch einmal mit einer Testamentsvollstreckung betraut, die ihm ein außergewöhnliches Honorar einbringt, so kann er fragen, was die anderen Partner zu diesem Honorar beigesteuert haben. Von der Regel des Einnahme-Pools kann im Einzelfall abgewichen werden. Gilt diese Regel, so muss jedoch der Sozius, der von ihr abweichen will, sich um eine Ausnahme bei den anderen Partnern bemühen. Er trägt die „Vortrags- und Darlegungslast“ für die Vernunft der Ausnahme.

In die gemeinsame Gewinnermittlung gehören auch Barhonorare, die erfahrungsgemäß die Versuchung mit sich bringen, isoliert vereinnahmt und nicht versteuert zu werden. Die Nichtversteuerung von Honoraren oder der Abzug getürkter Betriebsausgaben führen in der Sozietät nicht nur zu steuerstrafrechtlichen Problemen. Wird hinter den Rücken der Sozien schwarz liquidiert oder werden unter Täuschung der Sozien Betriebsausgaben – Bewirtungs- und Reisekosten sind insoweit anfällig – fingiert, so ist dies nicht nur ein Problem des § 370 AO, vielmehr geht es sofort um den Verdacht einer Unterschlagung, einer Untreue oder eines Betrugs. Natürlich kann daran gedacht werden, dass die Sozien im Wege einer besonderen „doppelten Buchführung“ auch gemeinsame Einnahmen nicht versteuern oder Betriebsausgaben fingieren und dies im Einzelnen festhalten, um auch hier den allgemeinen Verteilungsschlüssel anzuwenden. Das geht nur für eine bestimmte Zeit gut. Sobald es zu Ärger in der Sozietät kommt, werden die Sozien wechselseitig erpressbar. Wird nicht der gemeinsame Weg der Selbstanzeige gewählt, beginnt das Rennen um die erste Selbstanzeige, die zugleich den Partnern die Selbstanzeige verschließt.

Für die Beteiligung am gemeinsam erzielten Gewinn gibt es zwei sich entgegenstehende Berechnungsmodelle, über deren jeweilige Berechtigung heftig gestritten werden kann und auch gestritten wird.

Man kann in der Sozietät die einzelnen Leistungen des Partners erfassen. Entweder wird ein konkreter Bezug zu dem Honorarvolumen des zu bearbeitenden Mandats hergestellt oder es werden Zeit, Akquisition, die Fertigung von Schriftsätzen etc. bewertet. Hieraus wird der Maßstab der Gewinnermittlung abgeleitet.

Das andere Modell arbeitet mit bestimmten und festen Prozentsätzen, die durch die Jahre konstant bleiben oder sich ändern. Ein Prozentsatzsystem ist auch das bei großen Sozietäten anzutreffende Punktesystem (lock step), sofern die Punkte nicht an die tagtägliche Leistung, sondern an Statusmerkmale anknüpfen (Jahr der Zugehörigkeit, Fachanwaltschaft, sonstige Aktivitäten etc.). Die Punkte werden in Prozente umgerechnet und auf den zu verteilenden Gewinn angewandt.

Natürlich gibt es auch Mischsysteme, die zB die Leistung mit 30 %, die Quote mit 70 % bewerten.

Die konkrete Leistungsabrechnung ist streitanfällig. Bereits bei der Akquisition und in der Annahme von Mandanten kann es zu Differenzen kommen. Ist das Mandat lukrativ, heißt dies, dass die Partnerin, die es führt, einen höheren Gewinnanteil zu erwarten hat. Der jüngere, machtlose Partner wird damit konfrontiert, dass er die a.a.a.-Mandate (arbeitsreich, arm und aussichtslos) erhält. Die konkrete Leistungsabrechnung kann auch der Effizienz und Qualität entgegenstehen. Wenn Arbeitszeit und produzierte Zeilen für die Gewinnverteilung entscheidend werden, so denkt niemand mehr an die Effektivität der eingesetzten Zeit oder an einen an Qualität hochwertigen oder taktisch richtigen Kurzschriftsatz.

Ich spreche mich in der Regel für die prozentuale Beteiligung aus. Akquisition und hochqualifizierte Innenarbeit wirken zusammen. Es ist nicht richtig, dem Akquisiteur dadurch einen Bonus zu geben, dass ihm bestimmte Mandate zugerechnet werden, wenn er alleine nicht in der Lage ist, diese Mandate beratungsmäßig ordnungsgemäß zu führen. Besonderheiten können auch in diesem System durch „Vorabs" berücksichtigt werden.

In den Gesellschaftsverträgen findet sich regelmäßig die Regelung, dass die Krankheit eines Partners nur nach einem bestimmten Zeitablauf zu Konsequenzen führen kann. Folgerungen können sein: Kürzung des Gewinnanteils, Einstellung einer Ersatzkraft auf Kosten des Kranken, außerordentliches Kündigungsrecht. Nach meiner Erfahrung richtet sich nichts so wenig nach dem Gesellschaftsvertrag wie Krankheitsregelungen. Grund sind das völlig unterschiedliche Bild und die nicht kalkulierbaren Folgen einer Krankheit. Es werden jeweils Einzelregelungen getroffen. Dies hängt damit zusammen, dass die Folgerungen einer längeren Krankheit immer unter dem Vorbehalt des regelmäßig mit kurzer Frist auszusprechenden allgemeinen Kündigungsrechts stehen. Die Behandlung der Krankheit eines Partners hat außervertraglich im Übrigen eine besondere Funktion. Sie zeigt, wie Partner miteinander umgehen. Jeder wird genau feststellen, ob Vertragsklauseln eng zu Lasten des Kranken ausgelegt werden, wie besondere Schicksalsschläge aufgefangen werden. Hier wird die Kultur der Sozietät gebildet. Ähnliches gilt für den Tod eines Partners. Die Umsetzung von Abfindungsregelungen gegenüber der Witwe oder dem Witwer offenbaren viel über den Charakter der Sozietät, allerdings auch viel über das Verhältnis der Sozietät zu dem Ehepartner. Es gibt kaum einen Streitfall in der Sozietät, der so schnell zu gerichtlichen oder schiedsgerichtlichen Auseinandersetzungen führt, wie der Abfindungsanspruch des Erben eines verstorbenen Partners.

Altersversorgung durch die Sozietät? Ja oder Nein sind die Antworten zweier Sozietätskulturen. Ja folgt der Überlegung, dass die Sozietät eine Solidargemeinschaft darstellt, zu deren „klassischen" Aufgaben die Altersversorgung gehört. Nein sieht in der Sozietät in erster Linie eine Berufsgemeinschaft, die vom Privaten zu trennen ist. Altersversorgung gehört hier nicht zur Berufsausübung, sondern zum Privaten. Ich bin ein überzeugter Anhänger der letzteren Grundentscheidung. Hinzu kommt, dass die Spannungen in einer Sozietät, resultierend aus der Last, ältere Partner unter ständigem Gewinnverzicht versorgen zu müssen, nicht unterschätzt werden dürfen.

Es muss geregelt werden, in welcher Frist und zu welchem Datum eine Sozietät – aber auch einem Partner aus wichtigem Grund – zu kündigen ist. Eine langfristige Bindung in freiberuflichen Sozietäten funktioniert nicht. Ich kann nicht eine freiberufliche Partnerin oder einen Anwalt über längere Zeit zur gemeinsamen Berufsausübung zwingen. Eine sechsmonatige Kündigungsfrist zum Jahresende ist bei dem „Sich-hinauskündigen" die Regel.

Im Kündigungs- und Todesfall werden Abfindungen fällig. Die Abfindung kann in beiden Fällen unterschiedlich geregelt werden. Bestimmt werden muss die Abfindungshöhe. Außerdem muss geregelt werden, mit welchem Betrag zB der Kündigende Mandate, die er mitnimmt, auf die Abfindung zur Anrechnung bringt. Alle Abfindungsberechnungen sollen klar und eindeutig sein. Nehmen ältere Anwälte junge Anwältinnen oder Anwälte als Sozien auf, entwerfen sie Sozietätsverträge, so, dies mein Eindruck, ist die Formulierung der Abfindungsklausel der allerliebste Beschäftigungsgegenstand. Die Formulierungen werden so kompliziert, dass sie zum Schluss der Verfasser selbst nicht mehr versteht, geschweige denn ein Dritter. Ich will hier kein Plädoyer für eine bestimmte Abfindungsklausel halten. Sie mag so kompliziert sein wie sie wolle, sie muss nur nachvollziehbar sein. Dies erprobt man am besten daran, dass man die Klausel ohne Kommentar einem Dritten gibt mit der Bitte, einen Abfindungsanspruch zu errechnen.

Und wie trennt sich der Seniorsozius von seiner Sozietät, von der Kanzlei, die er selbst gegründet hat? Einmal ist über den Zeitpunkt nachzudenken. In Musterverträgen zu Sozietäten findet man den Vorschlag, seine Mitpartner könnten durch Gesellschafterbeschluss entscheiden, wann ein Partner, auch der Seniorpartner, ausscheidet, nämlich wenn er der Sozietät mehr schadet als nutzt. Eine brutale und unmenschliche Klausel, die die Vertragspraxis auch kaum annimmt. Weniger unmenschlich ist die Vereinbarung, dass jeder Partner ab einem bestimmten Alter grundlos hinausgekündigt werden kann. Am Vernünftigsten ist die Bestimmung, wonach die Gesellschafterstellung eines Sozius mit einem bestimmten Lebensjahr endet. Ist dieser Partner sodann für die Sozietät noch ein so begehrter Mitunternehmer, so kann die Sozietät an ihn herantreten, um ihm eine befristete weitere Gesellschafterstellung anzubieten. Oder man installiert einen besonderen Status, der es den älteren Partnern erlaubt, solange zu arbeiten, wie sie wollen, sie dürfen nur ab dem Jahr x nicht mehr mitbestimmen und erhalten nur eine auf ihre Arbeit zugeschnittene Ergebnisbeteiligung.

Und schließlich: Transparent muss die Sozietät für die Partner sein. Es darf keine Geheimplätze der Senioren und Herrschenden geben. Die Transparenz muss sich insbesondere auf Leistungsverhältnisse zwischen Partnern und ihren Angehörigen beziehen. Gehört das Praxisgebäude einem Ehepartner oder mehreren Ehepartnern von Sozien, so darf die Miete nicht Geheimsache der Eigentümersozien sein. Jeder Verdacht, dass auf diese Weise Gewinn abgesaugt wird, muss vermieden werden. Das Gleiche gilt für die angestellten Familienangehörigen. Der Ehegattenarbeitsvertrag muss inhaltlich im Wortlaut allen Partnern bekannt sein.

Gesellschaft und Anwaltsprofession

Die Anwältin

Die Rechtsanwältin zum Thema zu machen bedeutet für mich, der Kritik eine willfährige Angriffsfläche zu geben, und dies gleich zweimal. Einmal ist es mein Anliegen, der Rechtsanwältin so normal zu begegnen, dass dieses Kapitel eigentlich überflüssig ist. Zum anderen höre ich das Argument, als Mann könne ich nichts über ein Sujet sagen, von dem ich eigentlich nichts verstände. Gleichwohl ist mir das Anliegen wichtig, so dass ich dazu schreibe.

1922 konnte die deutsche Frau nicht Rechtsanwältin werden. Der Deutsche Anwaltverein hat auf der Vertreterversammlung am 28./29.1.1922 die Forderung nach der Zulassung von Frauen diskutiert. Mit deutlicher Mehrheit wurde die Forderung zurückgewiesen. Die Argumente bewegten sich auf dem Niveau, wonach die geistige Verwirrung bei der monatlichen Regel der verantwortungsvollen Ausübung des Berufs entgegenstünden. Wieder war der vertrackte Hang des Juristen zum Beharren im Bestehenden, zum fehlenden Mut zum Neuen leitend. Es war ein wenig anwaltlicher Beschluss, obwohl er von Anwälten gefasst wurde. Der Gesetzgeber griff ein. Die deutsche Frau kann seit dem 21.7.1922 Anwältin werden. Und auch der Deutsche Anwaltverein hat sich bewegt: 2004 wurde auf dem Anwaltstag in Hamburg die Arbeitsgemeinschaft „Anwältinnen im DAV" gegründet. 2009 schuf der DAV den Maria-Otto-Preis, der in erster Linie an Rechtsanwältinnen verliehen wird, die sich besonders ausgezeichnet haben.

77 Jahre nach der Zulassung von Anwältinnen gibt sich die Anwaltschaft eine Berufsordnung. Man sollte sie unter dem Aspekt lesen, ob sie auch für Frauen gilt. Ist der Blick so geschärft, kann das Ergebnis nur lauten: Eine reine Männerberufsordnung. Es gibt ausschließlich den Rechtsanwalt, den Mandanten, den Berater, den Vertreter, den Mitarbeiter, den Vermittler, den Schlichter, den Mediator usw. An der einzigen Stelle, wo man einmal die Frau – pars pro toto – hätte erwähnen können, nämlich bei der Sekretärin, die zur Verschwiegenheit zu verpflichten ist, werden wiederum nur der Mitarbeiter und „alle sonstigen Personen" erwähnt. Allenfalls Personen sind die Frauen; Frauenspersonen. Der Vorspruch zur ersten Veröffentlichung der Berufsordnung (BRAK-Mitt. 1996, 241) entschuldigt kaum und ist im Übrigen nur partiell: „der Begriff Rechtsanwalt (ist) neutral als Berufsbezeichnung verwendet", so leicht geht das, wo Männer die Mehrheit haben, und natürlich die Verbeugung nur vor den Kolleginnen, nicht vor den anderen Mitarbeiterinnen. Die Fachanwaltsordnung formuliert ähnlich. Hier fällt allenfalls auf, dass tunlichst der Begriff „Fachanwalt" vermieden wird. Es gibt nur die Verleihung einer Fachanwaltsbezeichnung, und, so darf man vermuten, diese darf an Frauen ebenso verliehen werden wie an Männer. Immerhin erlaubte der Gesetzgeber 2007 (!) dem weiblichen Rechtsanwalt, sich Rechtsanwältin zu nennen.

Wo über Anwälte geschrieben wird, gibt es ebenfalls durchweg die Anwältin nicht. Wo es sie gibt, wird sie als Ausnahme und Exot behandelt. In dem Plädoyer für den Juristenberuf von *Gleis*, der den gesamten Anwaltsberuf ausbreitet, darf die Rechtsanwältin Barbara Saling auf vier Seiten dazu schreiben „Soll ich Anwalt werden" – aus der Sicht einer Einzelanwältin. Mehr ist für die Frau wohl nicht drin.

Endrös und *Waltl* in ihrer Schrift zum Wirtschaftsanwalt bemerken immerhin das Problem. Im Vorwort heißt es: „Bei

Damen unter den Lesern wird um Nachsicht gebeten, nachdem die Darstellung sich auf die Maskulinform beschränkt. Im In- und Ausland arbeiten hochqualifizierte Wirtschaftsanwältinnen. Es wurde aber die internationale Gepflogenheit übernommen, in einer einschlägigen Fachpublikation von Genusvarianten abzusehen." Abgesehen davon, dass internationale Unarten keinen Maßstab darstellen können, ist der Hinweis nicht richtig. Das Englische unterscheidet eben nicht zwischen dem weiblichen Lawyer und dem männlichen Lawyer. Und im Französischen ist die Frage der männlichen und weiblichen Formulierungen lange zu einem Politikum geworden. Anlässlich der Rentrée du Barreau 1999 in Paris sprachen die französische Justizministerin, Elisabeth Guigou, und die Präsidentin der Anwaltskammer Paris, Dominique de la Garanderie, zwei Frauen, die über Justizreformen in Frankreich heftig im Streit liegen. Jeder weiß, dass die Damen der Regierung Jospin Wert darauf legen, Madame la ministre genannt zu werden. Ebendies nahm die Präsidentin der Anwaltskammer zum Anlass, so wurde es jedenfalls verstanden, in ihrer Ansprache von Madame le ministre zu sprechen. Da sie, auch dies ist bekannt, die Verweiblichung von Madame le Bâtonnier ablehnt, musste sie sich nunmehr im Gegenzug von der Ministerin unentwegt Madame la Bâtonnière nennen lassen.

Die Frage, ob und wie ich die Anwältinnen anspreche oder nicht, ist nicht nur eine Gepflogenheit, sondern Ausdruck einer Qualifizierung. Auf dem vom DAV veranstalteten Forum in Mainz zu grundsätzlichen Problemen der Anwaltschaft nutzten die Kollegen durchweg den Begriff des Rechtsanwalts. Ein junger Anwalt aus Berlin, Karsten Sommer, Spezialist des „grünen Rechts", machte vor, wie es anders geht. Mit bewundernswerter sprachlicher Leichtigkeit variierte er in seinem Vortrag ständig die Anrede an den Anwalt und die Anrede an die Anwältin, ohne dass dies, wie im Politischen häufig zu hören, als stumpf aufgesetzt wirkte. Die Diskussion begann mit der Wortmeldung einer jungen Kollegin, die mit Engagement unterstrich, nämlich dass sie sich durch diesen Vortrag zum ersten Mal auf dieser Tagung angesprochen fühlte. Das war so beeindruckend, dass ich selbst meine Sprachgewohnheit änderte.

Ich kenne zwei gewichtige Gegenargumente: Einmal stünde der Rechtsanwalt für den Rechtsanwalt und die Rechtsanwältin. Und das wisse jeder. Zum anderen, so auch emanzipierte Kolleginnen, könne die Emanzipation nicht an diesem Sprachenstreit aufgeknüpft werden. Beide Argumente sind verfehlt. Es gab keine freie Wahl, welcher Begriff als pars pro toto angesetzt wurde. Er wurde allein aus der Dominanz des Mannes gewählt; und dies wirkt nach. Und die starken Kolleginnen, die den Sprachenstreit nicht notwendig haben, verkennen, dass ihren Kolleginnen nur durch eine strukturelle Änderung auch der Sprache geholfen werden kann.

Im Anwaltsmarkt holen die Frauen auf. Auf zwei zugelassene Rechtsanwälte kommt eine Rechtsanwältin. Ein Viertel unserer Profession sind Anwältinnen. Natürlich scheiden sich beim Berufseinstieg an der Frage Frau ja oder nein noch die Geister. Es gibt Anwaltspraxen, die stellen keine Frauen ein. Das eingangs erwähnte Argument der biologischen Unterschiede wirkt auch heute noch. Natürlich wird es anders ausgesprochen. Es sind die Kinder und die geringere Leistungskraft. Als weiteres ernsthaftes Argument wurde mir vorgetragen, man stelle keine Anwältinnen ein, um nicht „Verhältnisse" in der Praxis zu veranlassen. Die gleiche Praxis ist heute noch nicht auf die Idee gekommen, statt Sekretärinnen nur Sekretäre einzustellen. Auf der anderen Seite gibt es zunehmend Kanzleien, die bewusst nach Frauen suchen. Einmal hat man begriffen, dass Frauen mitnichten schlechtere Anwältinnen sind. Man sieht, dass der Markt gut auf Anwältinnen reagiert. Im Übrigen erfährt man, dass eine Geschlechtermischung die Sozietät stabilisiert. Die Nachfrage nach Rechtsanwältinnen, gerade nach Anwältinnen ist vorhanden.

Es bleibt das Problem des Lebensentwurfs, der Ehe und der Kinder. Wenn daraus nicht a priori ein Gegenargument geschmiedet wird, wenn es als Problem beider Seiten begriffen wird, ist es lösbar, anderenfalls ist es nicht erklärlich, warum so viele Kolleginnen mit Kindern gute Anwältinnen sind.

Mir kommt es hier nicht in den Sinn, „dogmatisch" den Geschlechterunterschied zu verneinen. Ebenso, wie man das Vorurteil, dass Frauen einfach fleißiger sind, sehr wohl in der Praxis bestätigt findet, gibt es typische Frauenschwächen, Schwächen aus dem männlichen Normkanon. Frauen sind wahrscheinlich weniger aggressiv, drängen weniger in das Licht der Öffentlichkeit, suchen mehr die Arbeitsnische, in der sie hervorragend arbeiten. Aber jede dieser tatsächlichen oder vermeintlichen Schwächen zeigt auch auf eine Schwäche des Mannes. Denn was habe ich von einem Anwaltskollegen, der ohne Befähigung immer „Hier" ruft, wenn jemand gesucht wird. Und über Ehe, Familie und Kinderplanung sollte man sprechen. Wenn ich einer Kollegin anbiete, mit mir als Partnerin das berufliche Leben zu teilen, so ist es eigentlich selbstverständlich, dass ich über den anderen Lebensbereich zumindest insoweit rede, als er mit dem beruflichen Bereich in Übereinstimmung stehen soll. Kinder sind für eine Anwältin, die Partnerin werden soll, eben nicht nur „Privatsache". Dies kann für sie nur dann reine Privatsache sein, wenn sie das Ehemodell lebt, aus dem heraus der Mann den Nachwuchs zur „Privatsache" machen konnte, nämlich dann, wenn seine Frau die Vollbetreuung der Kinder übernimmt. Ein Kollege, der eine vollberufstätige Ehefrau und mit dieser Kinder hat, kann sich der Kinderbetreuung nicht entziehen. Und damit berührt auch sein privates Leben das Sozietätsleben und muss in die Kommunikation eingebracht werden.

Schließlich noch zu den vertrackten Frauenthemen. Sind Frauen berufene „Familienrechtlerinnen", im übrigen allenfalls noch für einfache Zivilsachen kompetent? Das ist Unsinn. Ein Blick auf den Beruf der Steuerberater belegt dies. Die Quote der Steuerberaterinnen ist hoch. Nach üblichen Vorurteilen können sich eigentlich Frauen nicht mit der Steuerberatung und mit Zahlen befassen. Die Praxis belegt das Gegenteil. Ich selbst kann aus unserer Praxis berichten, dass Mandanten, zumal unternehmerisch tätige Mandanten, keinerlei Probleme mit Anwältinnen haben. Das einzige was zählt, ist die fachliche Kompetenz.

Wirkungskraft der Anwälte Anwältinnen in der Gesellschaft

Kehren wir noch einmal zu der Feststellung zurück, dass Anwältinnen und Anwälte in der Gesellschaft angesehen sind; ihr Ansehen liegt in der Spitzengruppe (s. o. 8 f.). Dies spiegelt sich nicht unbedingt in der „Beachtung" der Anwaltschaft wider. Es ist immer wieder für den Präsidenten des DAV bemerkenswert, dass insbesondere „staatstragende" Veranstaltungen ohne Beteiligung von Anwälten stattfinden. An dem Verfassungskongress anlässlich des 50. Geburtstags des Grundgesetzes nahmen Anwälte nicht teil, obwohl die Verfassungswirklichkeit ganz wesentlich von unserer Profession mitbestimmt wird. Wenn die Spitzen höchster Bundesgerichte wechseln, bewegen sich Anwältinnen und Anwälte, ohne die die gesamte Tätigkeit dieser Gerichte zum Erliegen kommen würde, unter ferner liefen. Offenbar sind Anwälte angesehen, selbstverständlich und nicht besonders erwähnenswert.

Unser Berufsstand gilt als konservativ. Dieses Vorurteil lohnt einer genaueren Überprüfung. Juristen sind durchweg konservativ, weil sie sich Rechtsnormen verschrieben haben. Rechtsnormen aber sind beständig. Wer ständig mit beständigen Normen umgeht, will deren Bestand und ist jeder Änderung abhold. Gilt dies aber auch für die Anwaltschaft?

Rechtsanwältinnen und Rechtsanwälte gestalten tagtäglich durch die Prozesse die Wirklichkeit. Sie gestalten sie weit intensiver als die Gerichte. Gerichte hätten ohne die Rechtsanwälte keinen zu gestaltenden Stoff. Ohne die das Standesrecht verletzenden Rechtsanwälte und ihre Prozessbevollmächtigten hätte das Bundesverfassungsgericht nicht durch die Beschlüsse vom 14.7.1988 das Standesrecht verwerfen können. Ohne die Hamburger Rechtsanwaltskolleginnen Maja Stadler-Euler und Gisela Wild wäre das erste Volkszählungsgesetz nicht vom Bundesverfassungsgericht gestoppt worden. Ohne die Dresdner Anwältin Karin Meyer-Götz wäre der „Gebührenabschlag Ost“ 2003 nicht gefallen. Jeder Anwalt in Paris kennt Jeanne Chauvin, die erste Frau, die gegen Ende des 19. Jahrhunderts versucht hat, Mitglied der Rechtsanwaltskammer Paris zu werden, und vor allen Instanzen gescheitert ist, dies aber mit solchem Glanz, dass kurze Zeit darauf gesetzlich eingegriffen wurde, um den Frauen den Zugang zur Rechtsanwaltskammer in Paris zu ermöglichen. Und hier ist auch das auf dem vom DAV veranstalteten Forum 1998 in Mainz vielfach zitierte „Mütterlein“ nicht zu vergessen, das Kilger eingeführt hat. Diese Passage seines Vortrags gehört wörtlich zitiert: „Wer sozialrechtliche Mandate vertritt, erlebt immer wieder ein ehe verschüchtertes Individuum, welches staatliche Bescheide schon immer widerstandslos hingenommen hat. Es hat beispielsweise ein Mütterlein geschafft, den Anwalt aufzusuchen. Es erlebt, daß Widerspruch eingelegt und dieser sachlich begründet werden kann; daß in einem streitigen Verfahren seine Rente dem Staat gegenüber durchgesetzt werden kann; daß es – bisher als bloße Akte behandelt – von der als Obrigkeit erlebten Behörde ernst genommen wird. Plötzlich ändert sich seine gesellschaftliche Einordnung: Es findet zu einer Mündigkeit, von der wir als Idealbild ausgehen, die aber vielfach nicht der Wirklichkeit entspricht. Die Bearbeitung dieses Falles führt im Kleinen zu einer gesellschaftlichen Veränderung. Diese findet aber um so kraftvoller statt, je mehr Anwälte derartiges bewirken."

Und gehen wir weiter: Mit jedem Vertrag, mit jedem Vertragswerk, mit jedem Verkauf, mit jeder Fusion, mit jeder Unternehmenstransaktion, mit jedem Gang an die Börse verändern Anwälte die Wirklichkeit. Es ist unsere Profession, die an der Spitze des rechtlichen Fortschritts steht. Ohne Anwälte gäbe es im Normenbereich nur Starre. Anwältinnen und Anwälte sind die wirkungsvollsten Normenveränderer.

Die Änderungslust der Anwälte kennt aber Grenzen. Anwältinnen sind so dem Recht und den Normensystemen verpflichtet, dass sie regelmäßig keine Revolutionäre sind. Gelingt es ihnen nicht, einen Waffenschein auf rechtlich normalem Weg zu erhalten, lässt man die Revolution mit der Waffe. Warum gelingt es Anwältinnen und Anwälten selten, einen Kammervorstand, einen Vereinsvorstand zu stürzen? Eben deshalb; unsere Profession ist nicht umstürzlerisch. Verzichtet der Kammerpräsident, verzichtet der Vereinsvorsitzende nicht freiwillig auf seine Funktion, wartet man auf die Folgen der Arbeitslast, der Resignation oder der Biologie. Es sind die gleichen Anwälte, die in ihrem Beruf geradezu mit kreativer Änderungslust Normen auslegen und anwenden. Aber das ist eben etwas anderes, als eine völlig unstreitige Norm zum tatsächlichen Umsturz in die Tat umzusetzen.

Die Anwaltschaft in der Gesellschaft. Wie steht es um ihr gesellschaftliches Engagement im sozialen Bereich? Im Jahr 1999 (Heft 49 der NJW, S. XV) erschien die Anzeige einer Berlin-Münchner Anwaltssozietät, die für ihre pro-bono-Tätigkeiten einen jungen Anwalt suchte. Aus dem Text: „Wir fördern seit unserer Gründung Hilfsprojekte, vor allem in der Dritten Welt. Zur Professionalisierung der Bemühungen suchen wir einen jungen Rechtsanwalt (Assessor/Referendar) in Festanstellung für gemeinnützige oder sogenannte pro-bono-Tätigkeiten …"

Derartige pro-bono-Aktivitäten sind in anderen Anwaltskulturen, zB in der amerikanischen, geläufiger. Hier könnte ein Mangel in der Bundesrepublik festgestellt werden, der gerade dann deutlich wird, wenn eine Anwaltssozietät mit der eben besprochenen Anzeige auffällt.

In den Anwaltsorganisationen wurde häufig darüber diskutiert, ob zB der Deutsche AnwaltVerein derartige pro-bono-Tätigkeiten mit Außenwirkung fördern soll. Es wurde darauf hingewiesen, dass die pro-bono-Tätigkeit der Anzeige nur von großen Sozietäten durchgeführt werden könne. Auch sei zu vermuten, dass diese pro-bono-Tätigkeit auch einen merkantilen Hintergrund habe. Jedes soziale Engagement, das im Markt verbreitet wird, erfülle auch einen Werbezweck. Kleine Anwaltsbüros könnten dies nicht leisten. Außerdem müsse in Betracht gezogen werden, dass im Bereich der Prozesskostenhilfe und der Beratungshilfe von vielen Anwälten Beratung ohne angemessenes Entgelt geleistet würde. Wer hier tätig sei, übe in sehr intensiver Weise eine pro-bono-Arbeit aus. Die Spannung dieser Diskussion hat in den letzten Jahren dazu geführt, dass zumindest der DAV nicht in besonderer Weise pro-bono-Tätigkeiten förderte, weil dadurch die tagtäglich von Anwältinnen und Anwälten erbrachte pro-bono-Tätigkeit „im Kleinen" in den Schatten gerückt werde.

Die Solidarisierung der Anwaltschaft – der Deutsche AnwaltVerein

In unserer demokratischen Gesellschaft kann die Solidargemeinschaft eines Berufs nur eine freiwillige sein. Der solidarische Zusammenschluss der Anwältinnen und Anwälte ist der örtliche Anwaltverein und der Deutsche AnwaltVerein.

Soll die Anwaltschaft, soll unsere Profession öffentlich auftreten, an der öffentlichen Diskussion mitwirken, in unserer Verbandsdemokratie Verbandsinteressen wahren, ist der Berufsverband, und zwar der freiwillige Zusammenschluss der Anwältinnen und Anwälte, zwingend geboten. Dass dieser Deutsche AnwaltVerein bereits 1871 gegründet wurde, mithin eine der ältesten Berufsorganisationen ist, kann ihn mit Stolz erfüllen.

Eigentlich sollte es für jede Anwältin und jeden Anwalt selbstverständlich sein, dem DAV, dh dem örtlichen Anwaltverein, beizutreten. Ich zögere hier, im Einzelnen vorzurechnen, warum die vom DAV vermittelten Vorteile höher sind als der Jahresbeitrag. Mir reicht diese merkantile Perspektive nicht (obwohl sie gegeben ist). Die Solidarisierung verlangt auch von dem Kollegen den Beitritt, der die Vorteile nicht in Anspruch nimmt, sondern einfach von der Erkenntnis getragen wird, dass ein Beruf geschlossen und einheitlich nach außen auftreten muss, um alle den Beruf berührenden Belange zu wahren. Die Selbstverständlichkeit, die ich hier statuiere, soll die Freiwilligkeit nicht aufheben. Jeder mag seine Gründe haben, der Solidarität fernzubleiben. Allerdings wird er sich dem Bewusstsein nicht verschließen können, die Verbandsarbeit einzustreichen, ohne sich zu dem Beruf aktiv zu bekennen.

Es gibt Großsozietäten, in denen ist es selbstverständlich, dass jeder Anwalt Mitglied des örtlichen Anwaltsvereins ist. Es gibt Sozietäten, da wird nüchtern und kleinlich kalkuliert, dass es ausreiche, wenn von vielen Partnern einer Mitglied im örtlichen Anwaltsverein ist, um das Anwaltsblatt zu beziehen. Dies mag letztlich jede Sozietät halten, wie sie will. Über die Beweggründe sollte sie nachdenken; sie sollte sich der Beweggründe bewusst sein. Es gibt Sozietäten, in welchen der Mitgliedsbeitrag von der Sozietät gezahlt wird. Es gibt Sozietäten, in denen jeder Sozius den Beitrag selbst zahlen muss. Unter dem Strich kommt dies auf das Gleiche heraus. Die Zahlung des Beitrags durch die Sozietät ist jedoch ohne Zweifel das eindeutige Zeichen, dass sie sich insgesamt zur verantwortungsvollen Verbundenheit der Anwältinnen und Anwälte bekennt.

Die Reglementierung unseres Berufs kann durch den Gesetzgeber geschaffen, geändert und abgeschafft werden. Den Deutschen AnwaltVerein wird er nicht beseitigen können.

Profession und Passion

Der Anwaltsberuf ist eine Profession, und mit diesem Begriff erfasse ich den gesamten Ernst, das gesamte Vollengagement, die hohe Identifikation, die rechtliche und unternehmerische Kompetenz, eben das, was man unter Professionalität eines Berufs versteht.

Passion. Damit nenne ich die Leidenschaft, mit der Anwältinnen und Anwälte ihren Beruf ausüben, mit der sie eben die Kennzeichnung, die ich beschrieben habe, in die Tat umsetzen. Es ist die Leidenschaft für die Interessen des Mandanten, die Leidenschaft im Kampf auf der Grundlage seines Vertrauens, die Leidenschaft zur Unabhängigkeit und die Leidenschaft zum Recht und zur Gerechtigkeit, die Passion zum Kampf ums Recht.

Passion ist aber auch das Leben, das Leiden um einen Beruf, der immer wieder fehlt, der zwar mit großer Kraft um die eigene Selbständigkeit kämpfte, aber noch schroff vor knapp 90 Jahren den Frauen den Zugang verwehrte. Passion ist auch das Leiden um einen Beruf, der in seiner Staatshörigkeit mit furchtbarer Widerstandslosigkeit die Vereinnahmung durch den Nationalsozialismus hingenommen hat, Leiden um einen Beruf, der immer wieder Probleme hat, das mit der Anwaltsprofession verbundene Dynamische, Bewegende gegen das Beharrende der Juristen durchzusetzen.

Anmerkungen und Materialien

Anmerkungen und Materialien

Allgemeines

Schrifttum

Busse, Deutsche Anwälte Geschichte der deutschen Anwaltschaft 1945-2009, 2010
DAV und Forum Junger Rechtsanwältinnen und Rechtsanwälte, Ratgeber für junge Rechtsanwältinnen und Rechtsanwälte, 12. Aufl., 2008
Endrös/Waltl, Der Wirtschaftsanwalt, 1995
Feuerich/Weyland, BRAO, 7. Aufl., 2008
Franzen, Anwaltskunst, 2. Aufl., 1993
Friese, Die Freiheit der Advokatur in Deutschland, 1989
Gaier/Wolf/Göcken, Anwaltliches Berufsrecht, 2010
Ganster, Freier Beruf und Kapitalgesellschaft – das Ende der freien Professionen?, 2000
Gleiss, Soll ich Rechtsanwalt werden?, 3. Aufl., 1992
Gleiss, Facetten des Anwaltsberufs, 1990
Hartstang, Der deutsche Rechtsanwalt, 1986
Hartstang, Anwaltsrecht, 1991
Hartung/Römermann, Berufs- und Fachanwaltsordnung, 4. Aufl., 2008
Hartung/Römermann, Marketing und Management, Handbuch für Rechtsanwälte, 1999
Henssler/Prütting, BRAO, 3. Aufl., 2010
Heussen, Anwalt und Mandant. Ein Insider-Report, 1999
Heussen, Umgang mit Anwälten, 1995
Hammerich/Kilian/Dreske, Statistisches Jahrbuch der Anwaltschaft 2009/2010, 2010
Kilian/Offermann-Burckart/v. Stein, Praxishandbuch Anwaltsrecht, 2. Aufl., 2010
Kleine-Cosack, BRAO, 6. Aufl., 2009
Maier, Kunst des Rechtsanwalts, 4. Aufl., 1985

Meisner/Heinrich, Anwaltsbrevier, 2. Aufl., 1971
Müller, Furchtbare Juristen, 1987
Ostler, Die deutschen Rechtsanwälte 1871–1971, 2. Aufl., 1982
Pöllath/Saenger, 200 Jahre Wirtschaftsanwälte in Deutschland, 2009
Prütting, Die deutsche Anwaltschaft zwischen heute und morgen, 1990
Rick, Die verfassungsrechtliche Stellung des Rechtanwalts, Diss. Köln, 1998
Trimborn v. Landenberg, Die erfolgreiche Bewerbung als Rechtsanwalt, 2. Aufl., 2005
Trimborn v. Landenberg, Erfolgreich starten als Rechtsanwalt, 4. Aufl., 2010

Normen

Aus der Bundesrechtsanwaltsordnung:

„Erster Teil. Der Rechtsanwalt

§ 1. Stellung des Rechtsanwalts in der Rechtspflege. Der Rechtsanwalt ist ein unabhängiges Organ der Rechtspflege.

§ 2. Beruf des Rechtsanwalts.

(1) Der Rechtsanwalt übt einen freien Beruf aus.

(2) Seine Tätigkeit ist kein Gewerbe.

§ 3. Recht zur Beratung und Vertretung.

(1) Der Rechtsanwalt ist der berufene unabhängige Berater und Vertreter in allen Rechtsangelegenheiten.

(2) Sein Recht, in Rechtsangelegenheiten aller Art vor Gerichten, Schiedsgerichten oder Behörden aufzutreten, kann nur durch ein Bundesgesetz beschränkt werden.

(3) Jedermann hat im Rahmen der gesetzlichen Vorschriften das Recht, sich in Rechtsangelegenheiten aller Art durch einen Rechtsanwalt seiner Wahl beraten und vor Gerichten, Schiedsgerichten oder Behörden vertreten zu lassen. …"

„Dritter Teil. Die Rechte und Pflichten des Rechtsanwalts und die berufliche Zusammenarbeit der Rechtsanwälte

Erster Abschnitt. Allgemeines

§ 43. Allgemeine Berufspflicht. Der Rechtsanwalt hat seinen Beruf gewissenhaft auszuüben. Er hat sich innerhalb und außerhalb des Berufes der Achtung und des Vertrauens, welche die Stellung des Rechtsanwalts erfordert, würdig zu erweisen.

§ 43 a. Grundpflichten des Rechtsanwalts.

(1) Der Rechtsanwalt darf keine Bindungen eingehen, die seine berufliche Unabhängigkeit gefährden.

(2) Der Rechtsanwalt ist zur Verschwiegenheit verpflichtet. Diese Pflicht bezieht sich auf alles, was ihm in Ausübung seines Berufes bekanntgeworden ist. Dies gilt nicht für Tatsachen, die offenkundig sind oder ihrer Bedeutung nach keiner Geheimhaltung bedürfen.

(3) Der Rechtsanwalt darf sich bei seiner Berufsausübung nicht unsachlich verhalten. Unsachlich ist insbesondere ein Verhalten, bei dem es sich um die bewußte Verbreitung von Unwahrheiten oder solche herabsetzenden Äußerungen handelt, zu denen andere Beteiligte oder der Verfahrensverlauf keinen Anlaß gegeben haben.

(4) Der Rechtsanwalt darf keine widerstreitenden Interessen vertreten.

(5) Der Rechtsanwalt ist bei der Behandlung der ihm anvertrauten Vermögenswerte zu der erforderlichen Sorgfalt verpflichtet. Fremde Gelder sind unverzüglich an den Empfangsberechtigten weiterzuleiten oder auf ein Anderkonto einzuzahlen.

(6) Der Rechtsanwalt ist verpflichtet, sich fortzubilden.

§ 43 b. Werbung. Werbung ist dem Rechtsanwalt nur erlaubt, soweit sie über die berufliche Tätigkeit in Form und Inhalt sachlich unterrichtet und nicht auf die Erteilung eines Auftrags im Einzelfall gerichtet ist. ..."

Aus der Berufsordnung:

„Erster Teil.
Freiheit der Berufsausübung

§ 1. Freiheit der Advokatur

(1) Der Rechtsanwalt übt seinen Beruf frei, selbstbestimmt und unreglementiert aus, soweit Gesetz oder Berufsordnung ihn nicht besonders verpflichten.

(2) Die Freiheitsrechte des Rechtsanwalts gewährleisten die Teilhabe des Bürgers am Recht. Seine Tätigkeit dient der Verwirklichung des Rechtsstaats.

(3) Als unabhängiger Berater und Vertreter in allen Rechtsangelegenheiten hat der Rechtsanwalt seine Mandanten vor Rechtsverlusten zu schützen, rechtsgestaltend, konfliktvermeidend und streitschlichtend zu begleiten, vor Fehlentscheidungen durch Gerichte und Behörden zu bewahren und gegen verfassungswidrige Beeinträchtigung und staatliche Machtüberschreitung zu sichern.

Zweiter Teil.
Pflichten bei der Berufsausübung

Erster Abschnitt.
Allgemeine Berufs- und Grundpflichten

§ 2. Verschwiegenheit

(1) Der Rechtsanwalt ist zur Verschwiegenheit berechtigt und verpflichtet.

(2) Das Recht und die Pflicht zur Verschwiegenheit beziehen sich auf alles, was ihm in Ausübung seines Berufes bekanntgeworden ist, und bestehen nach Beendigung des Mandats fort.

(3) Die Pflicht zur Verschwiegenheit gilt nicht, soweit diese Berufsordnung oder andere Rechtsvorschriften Ausnahmen zulassen oder die Durchsetzung oder Abwehr von Ansprüchen aus dem Mandatsverhältnis oder die Verteidigung des Rechtsanwalts in eigener Sache die Offenbarung erfordern.

(4) Der Rechtsanwalt hat seine Mitarbeiter und alle sonstigen Personen, die bei seiner beruflichen Tätigkeit mitwirken, zur Verschwiegenheit (§ 43 a Abs. 2 Bundesrechtsanwaltsordnung) ausdrücklich zu verpflichten und anzuhalten.

§ 3. Widerstreitende Interessen, Versagung der Berufstätigkeit

(1) [1]Der Rechtsanwalt darf nicht tätig werden, wenn er eine andere Partei in derselben Rechtssache im widerstreitenden Interesse bereits beraten oder vertreten hat oder mit dieser Rechtssache in sonstiger Weise im Sinne der §§ 45, 46 Bundesrechtsanwaltsordnung beruflich befasst war.

(2) [1]Das Verbot des Abs. 1 gilt auch für alle mit ihm in derselben Berufsausübungs- oder Bürogemeinschaft gleich welcher Rechts- oder Organisationsform verbunden Rechtsanwälte. [2]Satz 1 gilt nicht, wenn sich im Einzelfall die betroffenen Mandanten in den widerstreitenden Mandaten nach umfassender Information mit der Vertretung ausdrücklich einverstanden erklärt haben und Belange der Rechtspflege nicht entgegenstehen. [3]Information und Einverständniserklärung sollen in Textform erfolgen.

(3) [1]Die Absätze 1 und 2 gelten auch für den Fall, dass der Rechtsanwalt von einer Beurfsausübungs- oder Bürogemeinschaft zu einer anderen Berufsausübungs- oder Bürogemeinschaft wechselt.

(4) [1]Wer erkennt, dass er entgegen den Absätzen 1 bis 3 tätig ist, hat unverzüglich seinen Mandanten davon zu unterrichten und alle Mandate in derselben Rechtssache zu beenden.

(5) [1]Die vorstehenden Regelungen lassen die Verpflichtung zur Verschwiegenheit unberührt.

§ 4. Femdgelder und andere Vermögenswerte

(1) [1]Zur Verwaltung von Fremdgeldern hat der Rechtsanwalt in Erfüllung der Pflichten aus § 43 a Abs. 5 Bundesrechtsanwaltsordnung Anderkonten zu führen.

(2) [1]Fremdgelder und sonstige Vermögenswerte, insbesondere Wertpapiere und andere geldwerte Urkunden, sind unverzüglich an den Berechtigten weiterzuleiten. [2]Solange dies nicht möglich ist, sind Fremdgelder auf Anderkonten zu verwalten; dies sind in der Regel Einzelanderkonten. [3]Auf einem Sammelanderkonto dürfen Beträge über 15.000,– € für einen einzelnen Mandanten nicht länger als einen Monat verwaltet werden. [4]Sonstige Vermögenswerte sind gesondert zu verwahren. [5]Die vorstehenden Bestimmungen gelten nicht, solange etwas anderes in Textform vereinbart ist. [6]Über Fremdgelder ist unverzüglich, spätestens mit Beendigung des Mandats, abzurechnen.

(3) [1]Eigene Forderungen dürfen nicht mit Geldern verrechnet werden, die zweckgebunden zur Auszahlung an andere als den Mandanten bestimmt sind.

§ 5. Kanzlei und Zweigstelle

[1]Der Rechtsanwalt ist verpflichtet, die für seine Berufsausübung erforderlichen sachlichen, personellen und organisatorischen Voraussetzungen in Kanzlei und Zweigstelle vorzuhalten.

Einen Überblick über die die Rechtsanwältin und den Rechtsanwalt angehenden Gesetze gibt das nachfolgend nicht ganz vollständig wiedergegebene Inhaltsverzeichnis der Textsammlung von *Horn*, Berufsrecht der Anwaltschaft, 11. Aufl., 2010 (Deutscher Anwaltsverlag):

A. Nationales Berufsrecht
- Bundesrechtsanwaltsordnung
- Berufsordnung
- Fachanwaltsordnung
- Satzung der Schlichtungsstelle der Rechtsanwaltschaft

B. Gebührenrecht und Beratungshilfe
- Gesetz über die Vergütung der Rechtsanwältinnen und Rechtsanwälte (Rechtsanwaltsvergütungsgesetz – RVG)
- Gebührenverordnung für Steuerberater, Steuerbevollmächtigte und Steuerberatungsgesellschaften (Steuerberartergebührenverordnung-StBGebV) (Auszug)
- Gesetz über Rechtsberatung und Vertretung für Bürger mit geringem Einkommen (Beratunghilfegesetz – BerHG).

C. Strafrecht und Geldwäsche
- Strafgesetzbuch (StGB) (Auszug)
- Gesetz über das Aufspüren von Gewinnen aus schweren Straftaten (Geldwäschegeschäft-GwG)
- Anordnung der Bundesrechtsanwaltskammer nach § 9 Abs. 4 Satz 3 GwG

D. Internationales Berufsrecht
- Gesetz über die Tätigkeit europäischer Rechtsanwälte in Deutschland (EuRAG)
- Verordnung zur Durchführung des § 206 der Bundesrechtsanwaltsordnung
- Berufsregeln der Rechtsanwälte der Europäischen Union (CCBE)

E. Berufliche Zusammenarbeit
- Gesetz über Partnerschaftsgesellschaften Angehöriger Freier Berufe (Partnerschaftsgesellschaftsgesetz-PartGG)
- Gesetz zur Ausführung der EWG-Verordnung über die Europäische wirtschaftliche Interessenvereinigung (EWIV-Ausführungsgesetz)

F. Rechtsberatungsgesetz

- Gesetz über außergerichtliche Rechtsdienstleistungen (Rechtsdienstleistungsgesetz –RDG)
- Einführungsgesetz zum Rechtsdienstleistungsgesetz (RDGEG)
- Verordnung zum Rechtsdienstleistungsgesetz (Rechtsdienstleistungsverordnung – RDV)

G. Ausbildung der Fachangestellten

- Verordnung über die Berufsausbildung zum Rechtsanwaltsfachangestellten/zur Rechtsanwaltsfachangestellten, zum Notarfachangestellten/zur Notarfachangestellten, zum Rechtsanwalts- und Notarfachangestellten/zur Rechtsanwalts- und Notarfachangestellten und zum Patentanwaltsfachangestellten/zur Patentanwaltsfachangestellten (ReNoPat-Ausbildungsverordnung – ReNoPatAusbV)
- **Verordnung** über die Prüfung zum anerkannten Abschluss Geprüfter Rechtsfachwirt/Geprüfte Rechtsfachwirtin (RechtsfachwPrV)

H. Anhang

- Verordnung über Informationspflichten für Dienstleistungserbringer (Dienstleistungs-Informationspflichten-Verordnung – DL-InfoV)

BVerfG

Die die Standesregeln aufhebenden Beschlüsse sind die vom 14.7.1987, 1 BvR 537/81, 195/87, BVerfGE 76, 171, und 1 BvR 362/79, BVerfGE 76, 196.

Weitere Entscheidungen in den Anmerkungen zu den jeweiligen Themen.

Was ist der Anwalt die Anwältin?

CCBE = Conseils des barreaux européens = Council of Bars an Law Societies of Europe mit Sitz in Brüssel

Zur Freizügigkeit der Anwaltstätigkeit in der EU, dem Europäischen Wirtschaftsraum und der Schweiz siehe das Gesetz über die Tätigkeit europäischer Rechtsanwälte in Deutschland (EuRAG) vom 9.3.2000, BGBl. I 2000, 182, mit nachfolgenden Anmerkungen.

Die Geschichte des Postboten habe ich dem Editorial von *Hartmut Kilger* im Dezember-Heft des AnwBl. 1999, 651, nachgebildet. Kilger fragt in der ihm eigenen und in der ihm entsprechenden Art nach der Grenzziehung zwischen Anwalt und Postbote. Er sieht die Chance, betont das Problem. Natürlich wird bei Kilger der Postbote nicht in den Kammervorstand gewählt. Wahrscheinlich ist der Bericht von Kilger der Realität näher.

Zum Ansehen der Anwaltschaft siehe die in „der freie Beruf", 1997, 12, veröffentlichte Allensbach-Umfrage. Die Reihenfolge ist: Arzt-Rechtsanwalt-Pfarrer-Professor-Diplomat-Unternehmer-Apotheker-Ingenieur-Schriftsteller-Journalist-Politiker-Offizier. In späteren Allensbach Umfragen dokumentiert sich ein Nachlassen des Ansehen der Anwälte, 2008 finden wir den Anwalt an 6. Stelle: Arzt – Pfarrer – Professor – Grundschullehrer – Unternehmer – Rechtsanwalt (vgl. FOCUS-Online, 26.2.2008).

Zur Zulässigkeit der Verteidigung anwaltlicher Leistungen über E-Bay s. BVerfG v. 19.2.2008 – 1 BvR 1886/06, AnwBl. 2008, 292.

Das ist die Anwältin der Anwalt

Allgemeines

Der Anwaltsberuf und seine ihn bestimmenden Qualitätsmerkmale unterliegen der geschichtlichen Entwicklung. Diese Rechtshistorie habe ich hier nicht nachgezeichnet. 1926 hat der Deutsche Anwaltverein die Schrift von *Max Rumpf* (Hochschullehrer, kein Anwalt) zum „Anwalt und Anwaltsstand", eine rechtswissenschaftliche und rechtssoziologische Untersuchung, herausgegeben, die deutlich macht, welche Distanzen zwischen dem heutigen Anwaltsbild und dem damaligen liegen. Rumpf befasste sich noch ausführlich mit der anwaltlichen Lebensführung und Lebensordnung, mit der anwaltlichen Tugendlehre und einer standesgemäßen Lebensführung und Lebensordnung in der Kanzlei, vor den Schranken des Gerichts, im Beruf und im Privatleben. Bemerkenswert ist, dass sich Rumpf nicht veranlasst sieht, sich mit den qualitativen Kennzeichnungen des Anwalts auseinanderzusetzen. Der Anwaltsstand wird als gegeben hingenommen. Er ist noch so einförmig und so gerichtsbezogen, dass ein Bedürfnis, die breite Facette des Anwaltsberufs zusammenzufassen, überhaupt nicht besteht.

Zur Geschichte der deutschen Rechtsanwaltschaft siehe insbesondere das Buch von *Gerhard Hartstang*, Der deutsche Rechtsanwalt, Rechtsstellung und Funktion in Vergangenheit und Gegenwart, 1996, und von *Felix Busse*, Deutsche Anwälte Geschichte der deutschen Anwaltsschaft 1945–2009, 2010.

Dass das Berufsrecht das Standesrecht abgelöst hat, lässt sich mit Vergnügen in dem Beitrag von *Klaus Landry*, BRAK-Mitt. 2000, 120, nachlesen.

Ich habe den Eindruck, dass die Fragen des Kernbereichs anwaltlicher Tätigkeit und nach den die gesamte anwaltliche Leistungsbreite umfassenden, prägenden Anwaltsmerkmalen erst zum Ende des letzten Jahrhunderts erneut in den Mittelpunkt getreten sind. Ist diese Feststellung richtig, so hat sie ihren Grund darin, dass die beruflichen Aktivitäten der Anwaltschaft in einem bemerkenswert dynamischen Tempo weiter aufgefächert werden. Präsentierte sich der Anwaltsberuf noch vor etwa 40 Jahren mit einem einheitlichen Berufsbild, so scheint heute die Spanne zwischen dem Einzelanwalt, der sich mit 30 Jahren niederlässt, und der großen internationalen Sozietät fast unüberbrückbar. Damit stellt sich die Frage, ob sich alle Mitglieder dieser Profession mit einer Klammer zusammenfassen lassen können.

Allerdings ist es keinesfalls so, als dränge man zur Diskussion. Die meisten Anwälte sind wohl so mit dem Tagesgeschäft beschäftigt, dass nur wenige die uns alle berührenden Grundfragen aufgreifen. 1988 wurde an der Universität Köln das Institut für Anwaltsrecht beschlossen. Eine der ersten Schriften war das von *Hanns Prütting* herausgegebene Sammelwerk „Die deutsche Anwaltschaft zwischen heute und morgen“, 1990, in dem Seminarvorträge der Gründungsphase veröffentlicht werden. Die Frage nach dem Wesenskern der Anwaltschaft wurde nicht gestellt. In der Schrift von *Alfred Gleiss*, Soll ich Rechtsanwalt werden?, 3. Aufl., 1992, S. 64 ff., finden wir kein Bemühen um die eigentlichen Qualitätsmerkmale des Anwalts. Im 15. Kapital zum Standesrecht gehen sogar die Verschwiegenheitspflicht und das Verbot der Interessenkollision fast unter. *Gerhard Hartstang*, Anwaltsrecht, 1991, zeichnet in S. 1 ff. ein Berufsbild, das möglichst viele Aspekte erfassen will, ohne selbst jedoch scharfe Konturen hervorzuheben. Auch das Buch von *Hans Franzen*, Anwaltskunst, 2. Aufl., 1993, das eine Fülle von Anregungen zu unserer Profession enthält, kümmert sich nicht um die Frage, was denn unseren Beruf qualifiziert. Im 8. Kapitel fasst er sein Urteil über die Advokaten unter der Überschrift „Auf dem Weg zur Urteilskraft: Laudatio auf den Advokaten“ zusammen. Es ist eine phänomenologische Umschreibung eines geachteten Berufs mit vielen Merkmalen und Facetten, ohne jedoch das Wesentliche von dem Typischen zu scheiden. Sehen wir, was *Hans Jakob Maier* uns zum Anwaltsberuf zu sagen hat (Kunst des Rechtsanwalts, 4. Aufl., 1985). *Maier* ist ein Richter; das macht neugierig, aber auch skeptisch. Von einem Soziologen würde ich mir lieber etwas über den Anwalt sagen lassen. Seine Zusammenfassung lesen wir im 22. Kapitel, in dem „Lob des Rechtsanwalts“ (S. 208 ff.): „Der Rechtsanwalt ist ein Hüter der Freiheit, aber er ist nicht der Hüter der Freiheit schlechthin. Sein Beruf ist auf die Wahrheit angelegt (meine Anm.: das ist falsch), aber dies schließt gerade den Missbrauch der Wahrheit ein. Der Rechtsanwalt hat eine existentielle Beziehung zur Gerechtigkeit (meine Anm.: das ist richtig), aber auch die Ungerechten werden von Anwälten vertreten (meine Anm.: was die Beziehung zur Gerechtigkeit überhaupt nicht aufhebt)."

Das Anwaltsbild wird in Zukunft immer mehr von europarechtlichen Vorgaben mitbestimmt. In der ersten Auflage meiner Schrift war ihr Niederschlag noch gering, da die konkreten Konturen des europäischen Anwalts noch unscharf sind; in der zweiten Auflage wird der Einfluss Europas deutlicher.

Auf die Besonderheiten des Syndikusanwalts, insbesondere die Frage, inwieweit er Rechtsanwalt ist, gehe ich hier im Einzelnen nicht ein. Siehe hierzu *Peter Hamacher*, Der Syndikusanwalt, in DAV-Ratgeber, 12. Aufl., 2008, 193, und die Studie von *Christoph Hommerich/Hanns Prütting*, Beilage zu AnwBl. 11/1997.

Der Vorstand des DAV hat im Oktober 2004 festgestellt, dass nach seiner Auffassung der Syndikusanwalt uneingeschränkt Rechtsanwalt ist (AnwBl. 2005, 551). Der EuGH verwehrt dem Syndikusanwalt diese Gleichstellung (v. 14.9.2010 – C-550/07 P, NJW 2010, 3557).

Konzepte

Zum Berufsbild und Berufsverständnis wurde auf dem Forum „Zukunft der Anwaltschaft“, 2.–3.10.1998 in Mainz im Arbeitskreis I nachfolgende Formulierung dem Plenum vorgelegt und beschlossen. Siehe AnwBl. 1998, 545, 549, Sonderheft 2/2000.

„1. Organisations- und Zusammenarbeitsformen verändern sich ständig. Kommunikationstechniken entwickeln sich fort. Dies erfordert, durch geeignete Maßnahmen ausnahmslos sicherzustellen, dass Unabhängigkeit als Synonym für Freiheit, dass Parteilichkeit im Mandanteninteresse bei strikter Wahrung der Verschwiegenheit und dass das Verbot der Wahrnehmung widerstreitender Interessen, auf das auch bei Einverständnis verschiedener Auftraggeber nicht verzichtet werden kann, weiterhin den Kern anwaltlichen Berufsverständnisses bilden. Der sich steigernde Wettbewerb im Rechtsberatungsmarkt darf daran nichts ändern.

Nur so wird sichergestellt, dass die Interessen des rechtsuchenden Bürgers sachgerecht wahrgenommen werden und Anwältinnen und Anwälte durch ihre Tätigkeit an der Verwirklichung des Rechtsstaates mitwirken. In diesem Kern des anwaltlichen Berufsverständnisses, der stärker als bisher in der Öffentlichkeit zu betonen ist, liegt ein wesentlicher Wettbewerbsvorteil für Rechtsanwältinnen und Rechtsanwälte.

Das Verbot, widerstreitende Interessen wahrzunehmen, darf in keiner Berufsordnung zur Disposition der Beteiligten stehen.

50 : 0 : 8.

2. Anwaltliche Tätigkeit im Bereich gerichtlicher Verfahren umfasst alles, vom Einzelmandat über Parallelprozesse, Verfahren mit sich ständig wiederholenden Sachverhalten bis zu serienmäßigen Einziehungsmandaten, welchen Umfangs auch immer.

61 : 0 : 4.

3. Rechtsanwältinnen und Rechtsanwälte sind die berufenen, rechtskundigen Vertreterinnen und Vertreter für alle Rechtsuchenden. Sie leisten Beistand, vertreten die Rechte ihrer Mandanten und gestalten dadurch eine freiheitliche, sozialorientierte Gesellschaft.

67 : 0 : 0.“

In dem Arbeitskreis I des DAV-Forums zur Zukunft der Anwaltschaft 1998 in Mainz „Berufsbild und Berufsverständnis des Anwalts" befasste sich Joachim Freiherr von Falkenhausen mit dem gemeinsamen Kern anwaltlicher Tätigkeit (Sonderheft zu AnwBl. 2/2000, 26):

„Gründe, nach Gemeinsamkeiten zu suchen:

1. Das Rechtsberatungsmonopol der Anwälte. Um dieses gegen Angriffe zu verteidigen, müssen wir unsere Dienstleistungen definieren.
2. Wir müssen den Syndikus in seiner eigentlichen Syndikusarbeit als Rechtsanwalt integrieren.
3. Marketingleistung der Anwaltschaft: „Eigentlicher Sinn dieses Vortrags ist es, uns auf den Zahn zu fühlen und zu versuchen herauszufinden, ob wir wirklich qualitativ etwas anderes oder besseres anbieten können als unsere Konkurrenz."

   Sodann sagt von Falkenhausen, dass er nicht vom reinen Ist-Zustand ausgehen will. „Über den Ist-Zustand hinaus sollten wir eine realistische Soll-Beschaffenheit der Rechtsanwälte analysieren, also den Typus des Rechtsanwalts, der zwar in der wirklichen Welt arbeitet, aber unsere berufspolitische Vorstellung soweit verwirklicht, wie dies praktisch möglich ist."

Der Kernbereich lässt sich nach ihm wie folgt definieren: „Der Rechtsanwalt erbringt Dienstleistungen der rechtlichen Beratung und Vertretung unabhängig im Interesse eines anderen ..." „Dass der Anwalt Dienstleistungen der rechtlichen Beratung und Vertretung erbringt, erscheint banal. Ebenso banal ist aber auch, dass die Rechtlichkeit unserer Tätigkeit das wichtigste Abgrenzungskriterium ist. Entscheidend ist aber, dass die Beratungs- und Vertretungstätigkeit spezifisch juristisch geprägt ist. Sie muss über rein mechanische Tätigkeiten und Hilfstätigkeiten der Rechtsdienstleistungen hinausgehen, damit wir dem Masterpat-Urteil Genüge tun." (meine Anm.: Widerspruch. Das hierzu einschlägige Masterpat-Urteil (S. 53, 141) schreibt über die Grenzziehung des Rechtsberatungsgesetzes, nicht über die Grenzziehung unseres Berufs.)

Zur Unabhängigkeit: „Erfunden wurde sie als Unabhängigkeit vom Staat und von staatlicher Beeinflussung. Diese Funktion ist heute so unerlässlich wie eh und je, steht aber hier im Hintergrund. Wichtig für den Mandanten ist, dass der Rechtsanwalt keinen Bindungen gegenüber Dritten unterliegt, die ihn von der Verfolgung des Mandanteninteresses abbringen können ..."

Benno Heussen, Anwalt und Mandant, 1999, kennzeichnet den Anwalt wie folgt (S. 3) – siehe auch *Benno Heussen*, Stärken und Schwächen der Anwaltschaft, Plenarvortrag in der Eröffnungssitzung des DAV-Forums „Zukunft der Anwaltschaft" in Mainz vom 1.10.1998, AnwBl. 1998, 551 –: „Wenn man den Beitrag analysiert, den die Rechtsanwälte zur staatlichen und privaten Rechtsordnung leisten, sieht das Ergebnis wie folgt aus:

- Wir setzen Ansprüche im Wege der Verhandlung und gerichtlicher Maßnahmen durch.
- Wir lösen die Probleme nur aus der Perspektive des Mandanten und dürfen niemals anderen Interessen dienen – nicht einmal den eigenen.
- Wir sind unabhängige und verschwiegene Berater.
- Wir arbeiten an den Strukturen des Rechtssystems, indem wir Schneisen in den Urwald der Tatsachen und Meinungen schlagen.
- Wir beeinflussen den Stil der Rechtskultur durch das Beharren auf kritischer Vernunft.
- Dabei testen wir die Gesetze und deren Gebrauch anhand der Konflikte von Einzelinteressen, machen deren Mängel sichtbar und sorgen für die Akzeptanz der Ergebnisse.
- Wir haften für die Ergebnisse unserer Arbeit."

Und zum „Qualitätstester", insbes. S. 9: „Die engagierte Interessenvertretung ist keine einfache Sache, denn wenn wir im Interesse und Auftrag von einzelnen Mandanten das Rechtssystem testen und auf Schwachstellen abklopfen, gewinnen wir damit nicht nur Freunde. Nicht alle empfinden es als hilfreich, wenn wir unerbittlich nach den Lücken im Gesetz forschen, obwohl das jeder andere Qualitätstester auch tut ... Wir können keine Texte erzeugen, die so dicht sind wie Betonwände, weil Worte dem Gedankenaustausch dienen und Gedanken keine Sachen sind. Eindeutigkeit widerstrebt Worten, Mehrdeutigkeit schafft Lücken. Diese Lücken können gut oder schlecht sein, bleiben sie aber unentdeckt, so ergeben sich aus ihnen latente Gefahren für alle

Beteiligten. So sorgt auch der ärgste Querulant dafür, dass gefährliche Lücken durch gerichtliche Interpretationen geschlossen werden, mit denen die Risse im Gesetz dann verspachtelt werden können ..."

Rüdiger Zuck befasst sich in AnwBl. 2000, 3, mit dem inneren Berufsbild des Anwalts. Er unterscheidet das äußere Berufsbild, das in der BRAO niedergelegt ist. Dem stellt er die Erwartungshaltungen der Anwältinnen und Anwälte entgegen, was man von einem guten Rechtsanwalt zu erwarten hat (inneres Berufsbild): „Es handelt sich um ein schwer zu entwirrendes Gemisch von tradierten Vorgaben, eigenen Interessenlagen und zusammenfassenden Schlüssen aus dem berufsrechtlichen Normengeflecht, der Berufsethik und der Berufspolitik. Das alles bleibt personen- und gesellschaftsgebunden, und damit, je größer der zeitliche oder sachliche Abstand des Betrachters ist, sehr subjektiv, bezieht man es auf die jeweilige Zeit ..." Ich meine, inneres und äußeres Berufsbild lassen sich in dieser Weise nur sehr formal trennen; sie gehören zusammen. Wir sollten uns bemühen, das schwer zu entwirrende Gemisch zu analysieren, um die objektiven Gegebenheiten des Anwaltsberufs zu umschreiben. Dass diese zeitbezogen sind, versteht sich von selbst.

In seinem Beitrag wirft *Zuck* zunächst einen Blick zurück. Er verfolgt das anwaltliche Selbstverständnis von 1867 bis zum heutigen Tag, stellt diese deutliche Zeitbezogenheit fest und gelangt nur sehr bedingt zu mehr oder weniger unverrückbaren Kennzeichnungen des Kerns des Anwaltsberufs. Sein eigenes Berufsbild (S. 7): „Es spricht im Kern, wie alle inneren Berufsbilder, die Selbstverständlichkeit und das Selbstverständnis der Zeit aus. Insoweit ist es konsensfähig, sonst wäre es nicht wirklich ein inneres Berufsbild. In den Rändern ist es ebenso selbstverständlich, streitanfällig." Dieses Berufsbild bestimmt er durch vier Bezugspunkte: Der Anwalt ist Garant des Rechtsstaats, worunter er in erster Linie die Unabhängigkeit gegenüber dem Staat versteht. Kennzeichnend ist weiter das Vertrauensverhältnis zu den Mandanten. Sodann nennt er unsere Profession einen „offenen Beruf", womit die berufsspezifische Rolle des Rechtsanwalts als Marktteilnehmer beschrieben sein soll. Schließlich ergänzt er diese drei Merkmale noch durch den „Vorrang der Freiheit" (S. 7), durch den Vorrang der freien und unreglementierten Selbstbestimmungen des Einzelnen, die die Bedingungen aller anwaltlichen Tätigkeit sein sollen. Ich habe Schwierigkeiten mit dieser Umschreibung, da ich die Unabhängigkeit nicht unbedingt mit dem Prädikat „Garant des Rechtsstaats“ in Übereinstimmung bringe, den „offenen Beruf“ eigentlich für kein Merkmal halte, das den Anwaltsberuf gegenüber anderen freien Berufen auszeichnet. Die Freiheit ist die allgemeine Grundlage der Bürgerinnen und Bürger des demokratischen Staatswesens.

Konrad Redeker, Bild und Selbstverständnis des Anwalts heute, anlässlich 125 Jahre Deutscher AnwaltVerein, Bamberg, AnwBl. 1996, 503, beginnt mit der Liebe des Gesetzgebers, Berufsbilder aufzustellen. Sodann: „Aber das normierte Berufsbild ist noch nicht das Bild des Anwalts oder der Anwaltschaft, sondern nur ein Teilstück davon. Denn es gibt nur den normativen Rahmen wieder, den der Gesetzgeber und die Anwaltschaft selbst sich gegeben haben. Das Bild des Anwalts wird in hohem Maße geformt durch die Bevölkerung, aus der die potentiellen Mandanten kommen, also die Erwartungshaltung der Gesellschaft. Hierauf wiederum ist sicher auch von wesentlichem Einfluss, was die veröffentlichte Meinung über die Anwaltschaft aussagt, von den Printmedien angefangen über das Fernsehen bis zu Literatur und Theater. Schließlich ist nicht zu übersehen, dass sich das normierte Bild und der tatsächliche Befund nicht notwendig decken, dass vielmehr das tatsächliche Erscheinungsbild von ganz anderen Umständen beherrscht wird, die sich neben und außerhalb der normierten Ordnung zeigen.“ *Redeker* berichtet auf S. 503 in einem Rückblick, dass das Anwaltsbild der 50er Jahre von der forensischen Tätigkeit geprägt war. Eine Spezialisierung kam kaum vor. Auf sie durfte nicht hingewiesen werden, Akquisition war unbekannt. Der Einzelanwalt herrschte vor. Fast nur Großstädte kannten größere Sozietäten. In der Öffentlichkeit spielte die Anwaltschaft keine Rolle. Sie gehörte als akademischer Beruf zu den Honoratioren der Mittel- und Kleinstädte. Sodann S. 504: „Seitdem sind rund 40 Jahre vergangen, eigentlich keine sehr lange Zeit. Welch’ Wandel im Berufsbild des Anwalts.“ *Redeker* stellt die Frage, ob es noch ein einheitliches Berufsbild gibt. Es gibt Stimmen, die dies bezweifeln. „Ich teile diese Ansicht nicht. Aber an die Stelle der Homogenität ist Heterogenität der Berufsausübung getreten ...“ Der forensisch tätige Anwalt steht nicht mehr im Mittelpunkt. Die Anwaltschaft ist den Weg zur Spezialisierung gegangen, zur Fachanwaltschaft, zu Tätigkeits- und Interessenschwerpunkten. Die Anwaltschaft sieht sich mit einem Mal in einem Kreis neuer Konkurrenz, nämlich im Wettbewerb mit

Steuerberatern, Wirtschaftsprüfern, Unternehmensberatern etc. Dies fordert ein Umdenken. Man wurde zum Dienstleistungsunternehmen. Die Anwaltschaft entdeckt ihre sozialen Verpflichtungen. Die Globalisierung erreicht die deutsche Anwaltschaft. Auf S. 508 spricht er die Unabhängigkeit an. Dies sei eine Unabhängigkeit gegenüber dem Staat. „Sie ist aber auch eine Unabhängigkeit gegenüber dem Klienten, hier freilich schwer zu definieren und vielleicht mit dem Begriff der betreuenden Distanz am ehesten ausgedrückt." Eigentlich führt er die Gemeinsamkeiten des Berufs auf folgende Grundbedingungen zurück (S. 508):

- Rechtliche Zulassungsvoraussetzungen
- Aufsicht über die Berufsausbildung
- Kammerzugehörigkeit
- Rechtsberatung und Rechtsvertretung
- Unabhängigkeit.

„Unterhalb dieser wenigen Bindungen wird der Beruf heterogen ausgeübt …"

Interessenvertreter

S. auch *Streck*, Meine Anwältin – wem gehört der Anwalt. Licht und Schatten der Interessenvertretung, AnwBl. 2004, 266.

Die Interessenvertretung der Anwältinnen und Anwälte wurde durch die Entscheidung des Bundesverfassungsgerichts vom 9.11.1999, 1 BvR 1327/98, AnwBl. 2000, 122, zur Nichtigkeit des § 13 der Berufsordnung unterstrichen. Nach § 13 BO durfte der Rechtsanwalt bei anwaltlicher Vertretung der Gegenseite ein Versäumnisurteil nur erwirken, wenn er dies zuvor dem Gegenanwalt angekündigt hat. Dazu das Bundesverfassungsgericht: „In der Bundesrechtsanwaltsordnung gibt es aber keine Hinweise dafür, dass das autonom gesetzte Berufsrecht ein Abweichen von den jeweiligen Prozessordnungen erlauben könnte, wenn die Parteien durch Rechtsanwälte vertreten sind. Die Bundesrechtsanwaltsordnung setzt vielmehr voraus, dass die Interessen der Mandanten in dem Umfang, wie sie durch die Prozessordnungen und das materielle Recht ausgeformt sind, vom Rechtsanwalt wahrgenommen werden. Ihn trifft zuvörderst die Pflicht, alles zu tun, was im Rahmen seines Auftrags zugunsten des Mandanten möglich ist. Schon deshalb bedürfte es einer ausdrücklichen und klaren gesetzlichen Grundlage, wenn die Satzungsversammlung ermächtigt sein sollte, Vorschriften zur Stärkung der Kollegialität so auszugestalten, dass die primären Verpflichtungen aus dem Mandantenvertrag zurückgedrängt oder abgeschwächt werden."

Das Zitat von *Rudolf von Ihering* (1818–1892) aus „Der Kampf um's Recht" wurde der 5. Aufl., 1877, S. 1 und 15 entnommen. Im Geiste Iherings schreibt *Felix Busse* zur Interessenvertretung, AnwBl. 1998, 231, 233: „Zur Unabhängigkeit des Anwalts gehört auch, dass der Anwalt erforderlichenfalls im Kampf um das Recht laut und deutlich wird und nicht aus Pietät, Kollegialität oder aus Duckmäusertum notwendige Angriffe gegen die zurückstellt, die dem Mandanten das Recht verwehren." Und *ders.*, AnwBl. 1994, 482, 487: „Dem Anwalt muss es deswegen gestattet sein, wenn er … dies im „Kampf um das Recht" für nötig hält, für das Recht im Einzelfall gegen Gerichte, Staatsanwaltschaften und sonstige staatliche Stellen anzutreten, auch wenn er dabei unter Beachtung der Strafgesetze mit härteren Bandagen vorgeht. Oft ist es nur so möglich, den wahrgenommenen Interessen gegen Ignoranz und Voreingenommenheit die Aufmerksamkeit zu verschaffen, die sie verdienen …"

In den „passiven" Formulierungen der Berufsordnung zum Anwaltsbild spiegelt sich nur ein Teil der Umschreibungen des Anwaltsberufs wider. Es wäre gut gewesen, wenn die Berufsordnung auch die Feststellung von BVerfG 1 BvR 1078/80 vom 8.3.1983, NJW 1983, 1535, übernommen hätte, wonach „die Rechtsanwälte als berufene Berater und Vertreter der Rechtsuchenden neben Richtern und Staatsanwälten eine eigenständige Funktion im „Kampf um das Recht" ausüben."

Eine Befreiung vom Verbot, widerstreitende Interessen zu vertreten, ist in der Regel weder berufsrechtlich (*Kleine-Cosack*, BRAO, 6. Aufl., 2009, § 43 a Rz. 13) noch strafrechtlich möglich (vgl. *Fischer*, StGB, 57. Aufl., 2010, § 356 Rz. 13): Das Einverständnis des Betroffenen hindert den Parteiverrat nicht.

Anders ist die Rechtslage bei Wirtschaftsprüfern und Steuerberatern. Eine dem Parteiverrat entsprechende strafrechtliche Sanktionierung gibt es nicht. § 6 der Berufsordnung der Steuerberater lautet:

„§ 6 Interessenkollisionen, widerstreitende Interessen

(1) Steuerberater dürfen nicht tätig werden, wenn eine Interessenkollision gegeben ist.

(2) Mehrere Auftraggeber dürfen in derselben Sache beraten oder vertreten werden, wenn dem Steuerberater ein gemeinsamer Auftrag erteilt ist, oder alle Auftraggeber einverstanden sind. Bei widerstreitenden Interessen ist nur eine vermittelnde Tätigkeit zulässig …"

Zu I der Richtlinien für die Berufsausübung der Wirtschaftsprüfer und vereidigten Buchprüfer heißt es: „Der Wirtschaftsprüfer darf in derselben Sache, in der er bereits tätig war, für einen anderen Auftraggeber nur tätig werden, wenn bisheriger und neuer Auftraggeber einverstanden sind."

Zum Problem der einseitigen Interessenvertretung im Fall des Sozietätswechsels eines Anwalts s. BVerfG v. 3.7.2003 – 1 BvR 238/01, AnwBl. 2003, 521. Die Entscheidung führte zu einer Neufassung des § 3 BORA. Zum Verbot widerstreitender Interessen in einer Sozietät BVerfG v. 20.6.2006 – 1BvR 594/06, AnwBl. 2006, 580.

Vertrauen und Verschwiegenheit

Der Gesetzgeber hatte 2008 einen neuen § 160 a StPO geschaffen, der sich mit Ermittlungsmaßnahmen gegen Personen befasst, denen ein Zeugnisverweigerungsrecht zusteht. Gegen den heftigen Protest der Rechtsanwälte wurde hier zwischen „Verteidiger" und „sonstigen Anwälten" unterschieden. Diese Unterscheidung ist ab 1.2.2011 wieder gefallen, was die FAZ am 22.12.2010 S. 21 zu einem Artikel veranlasste: „In Anwaltskanzleien werden Geständnisse am sichersten verwahrt", dies auch vor dem Hintergrund, dass dem Syndikusanwalt ein ähnlicher Vertrauensschutz verwehrt ist (EuGH v. 14.9.2010 – C-550/07 P, NJW 2010, 3557).

Zum Vertrauensverhältnis zwischen Mandant und Rechtsanwalt s. *Bernhard Dombek*, Festschrift Streck, 2011, 655 ff.

Unabhängigkeit

Zur anwaltlichen Unabhängigkeit und ihrer Fixierung auf die Freiheit gegenüber Staat, Justiz, Gericht und Staatsanwaltschaft s. *Feuerich/Weyand*, BRAO, 7. Aufl., 2008, § 1 Rz. 13 ff., 18 f. insbesondere zur Parteiunabhängigkeit als wirtschaftliche und finanzielle Unabhängigkeit und § 43 a Rz. 2 ff. (*Feuerich*); breiter angelegt *Ludwig Koch* in *Henssler/Prütting*, BRAO, 3. Aufl., 2010 § 1 Rz. 36 ff., und Die anwaltliche Unabhängigkeit in Liber Amicorum, FS für Hans-Jürgen Rabe, 1995, 77, außerdem *Wolf* in *Gaier/Wolf/Göcken*, Anwaltliches Berufsrecht, 2010, § 1 BRAO Rz. 47 ff. Die Freiheit gegenüber dem Staat betont auch das BVerfG in den Beschlüssen 2 BvR 667/72 vom 14.2.1973, NJW 1973, 696, und 1 BvR 1078/80 vom 8.3.1983, NJW 1983, 1535. Der Sündenfall BVerfG 2 BvR 747/73 vom 8.10.1974, NJW 1975, 103 (Rechtsanwalt: „Sein Beruf ist ein staatlich gebundener Vertrauensberuf, der ihm eine auf Wahrheit und Gerechtigkeit verpflichtete amtsähnliche Stellung zuweist"), wurde durch den Beschluss 1 BvR 1078/80, aaO, kräftig korrigiert. In unangenehmer Weise findet sich die Einbindung des Anwalts in öffentlich-rechtliche Funktionen noch in dem Anwaltsbrevier von *Meißner/Heinrich*, 1971, Rz. 60, das allerdings – und das erklärt die „Schlagzeile" – die 2. Aufl. einer Schrift aus dem Jahr 1929 ist.

Kleine-Cosack, BRAO, 6. Aufl., 2009, § 1 Rz. 10 ff., verbindet die Unabhängigkeit ausschließlich mit der Staatsunabhängigkeit, was dem Begriff jede den Anwaltsberuf selbst – unabhängig von den historischen Gegebenheiten – kennzeichnende Qualitätsmerkmale nimmt.

Hartstang folgt in Der deutsche Rechtsanwalt, 1986, S. 75 ff., folgender Dreiteilung: Der Anwalt ist „staatsunabhängig", „parteiunabhängig" und „gesellschaftsunabhängig". Auf S. 84 ff. behandelt Hartstang die Parteiunabhängigkeit. „Wie ein Arzt, ein Architekt, ein Wirtschaftsprüfer, ein Journalist, aber auch ein nur seinem eigenen Gewissen verpflichteter Wissenschaftler, vermag auch der Rechtsanwalt individuelle geistige Leistungen nur dann zu vollbringen, wenn er nicht von den Weisungen desjenigen abhängig ist, der ihn bezahlt. Dass hier im Einzelfall immer nur der individuelle Wille, das geistige Format und die Charakterstärke eines jeden Rechtsanwalts persönlich gefordert und ausschlaggebend dafür sind, ob er sich seine eigene Unabhängigkeit von der Partei zu bewahren versteht, ist eine Binsenwahrheit. Hier sind die besten Reglements ohne jede Wirkung, wenn nicht der Wille desjenigen, der die anwaltliche Verantwortung im Einzelfall rein persönlich trägt, auf völlige Unabhängigkeit gerade auch von seinem Auftraggeber und Klienten gerichtet ist und durchgesetzt wird. Unabhängigkeit vom Auftraggeber besteht aber für den Anwalt nicht eo ipso, weil der Gesetzgeber dies normiert hat. Sie ist im Grunde genommen das Marken- und Gütezeichen seiner Persönlichkeit und kennzeichnet auch seinen Ruf als Anwalt."

Benno Heussen, Anwalt und Mandant, 1999, S. 100: „Bei den großen Sozietäten sollten die Aufträge eines einzelnen Mandanten nicht mehr als 2 %, höchstens aber 5 % des Umsatzes ausmachen." *Hans-Jürgen Rabe* in der Festschrift für Walter Oppenhoff, 1985 (Beitrag: Anwalt und Wirtschaft), S. 307: „Es verdient in diesem Zusammenhang festgehalten zu werden, was über Justizrat Martin Drucker, einem der Vorgänger Walter Oppenhoffs als Präsident des Deutschen Anwaltvereins (1924 bis 1932), berichtet wird: In dem Augenblick löste er die Verbindung mit einem Klienten, als sich ergab, dass mehr als 20 % des Praxiseinkommens von diesem Klienten kam! Eine konsequente und bewundernswerte, wenn auch sicherlich schmerzhafte Entscheidung, die einem Anwalt, der Mitglied einer Sozietät ist, nicht so schnell abgefordert wird ..."

Und aus Schweizer Sicht: *Kasper Schiller*, Anwaltliche Unabhängigkeit – Wozu? Wie weit? Wovon?, Festschrift Streck, 2011, 797 ff.

Zum angestellten Anwalt siehe S. 165 f.

„Der Anwalt hat den Parteiinteressen zu dienen und ist gleichzeitig dem Recht verpflichtet. Beides schreibt sich leichter nieder als es hin und wieder zu verwirklichen sein wird. Dennoch: Wie bei jeder anwaltlichen Tätigkeit darf Beratung und Interessenvertretung nicht über die vom Recht gezogenen Grenzen hinausgehen. Der Anwalt darf nicht zum bloßen Wirtschaftsberater denaturieren mit der Gefahr der Assimilierung, des Verlustes der spezifisch anwaltlichen Eigenschaften wie insbesondere seiner Unabhängigkeit, der Verpflichtung gegenüber dem Recht und der Verpflichtung gegenüber dem eigenen Stand und dem Standesrecht, der Distanz zum Mandanten und der Distanz zur Sache. Es wird nicht immer leicht sein, die Gefahr der Dominanz wirtschaftlich-materieller Erwägungen zu vermeiden. Der Anwalt sollte sich jedoch nie „einspannen lassen" für die Durchsetzung wirtschaftlicher Interessen um jeden Preis. Läßt er dies zu, verliert er bald seine Glaubwürdigkeit als Anwalt, seine Eigenschaft als unabhängiger Berater. Einmal in diesen Stand gelangt, kann es schwer sein, sich daraus zu befreien." *Hans-Jürgen Rabe*, Anwalt und Wirtschaft, in Festschrift für Oppenhoff, 1985, S. 299, 309.

Aus dem Vorschlag des Erweiterten Berufsrechtsausschusses an den Vorstand des Deutschen Anwaltvereins vom 2. November 2010 zur Frage der Behandlung des Themas Anwaltliche Berufsethik durch den Deutschen Anwaltverein.
Der Erweiterte Berufsrechtsausschuss hat sich seit 2008 mit dem Thema „Anwaltliche Berufsethik" befasst.

Er war sich bewusst, dass er nicht originär dieses Thema zum Tagesordnungspunkt gemacht hat. Vielmehr wird die Berufsethik in vielen Unternehmenssparten und Berufen diskutiert. Rechtsanwältinnen und Rechtsanwälte müssen sich an dieser Diskussion beteiligen und Stellung beziehen. Dem einen mag dies ein Anliegen, dem anderen eine Selbstverständlichkeit sein; diejenigen, die der Ethikdiskussion skeptisch oder ablehnend gegenüber stehen, werden zugestehen müssen, dass die Anwälte zumindest einer beruflich sozialen Pflicht unterliegen, sich nicht abseits dieser Diskussion zu halten.

Der Ausschuss hat veranlasst, dass von der Geschäftsführung eine Materialsammlung „Anwaltliche Berufsethik“ zusammengestellt und fortgeführt wird, die aufgrund ihres Umfangs inzwischen sicherstellt, dass die Diskussion des DAV über die Anwaltliche Berufsethik in der allgemeinen anwaltlichen Kommunikation und der Diskussion der dem Anwaltsberuf nahen Berufe sicher verankert ist.

Der Berufsrechtsausschuss hat auf dem 60. Deutschen Anwaltstag in Braunschweig, am 21.5.2009, eine offene Sitzung als Veranstaltung mit dem Thema angeboten „Berufsethik-Förderung oder Hemmnis anwaltlicher Interessenvertretung?“ Das Anwaltsblatt hat hierüber berichtet (AnwBl. 2009, 514 ...).

Übereinstimmendes Ergebnis dieser Diskussion: Befassung mit dem Thema Berufsethik ja. Jedoch kein Ethikkodex, keine Richtlinien, selbst keine Empfehlungen oder Lebenshilfen. Hierfür gibt es keine berechtigende Basis. Sie würde Kolleginnen und Kollegen, die dem Kodex nicht zustimmen, Verhaltensregeln aufzwingen, die keine demokratische Legitimation haben.

Die Diskussion über eine Anwaltliche Berufsethik ist damit aber nicht beendet. Es kann richtig sein, darüber nachzudenken, ob es problematische Sachverhalte des Berufslebens gibt, die nicht allein durch gesetzliche Normen aufzulösen sind, sondern die an ethische Postulate appellieren. Hierüber soll weiter nachgedacht werden.

Im AnwBl. Nr. 12, 2009, 838, (...) hat der Berufsrechtsausschuss die Kolleginnen und Kollegen aufgerufen, solche Sachverhalte mitzuteilen, in denen sich ethische Fragen stellen. Der Ausschuss hat zur Kenntnis genommen, dass das Ergebnis eher bescheiden war. Es war nicht förderlich für die nachfolgende Arbeit. Gleichwohl ist der Ausschuss auf diesem Weg weitergegangen.

Auf dem 61. Deutschen Anwaltstag in Aachen hat er am 13. Mai 2010 eine weitere offene Ausschusssitzung abgehalten. Dieses mal zu den Thema „Anwaltsethos konkret“. „Anwälte vor ethisch bedenkenswerten Entscheidungen“, „Entscheidungsethos statt Ethikkodex“. Vgl. hierzu AnwBl. 2010, 490 f. ... .

Hier waren 10 Entscheidungssituationen formuliert und zur Diskussion gestellt. Sie wurden kontrovers unter Beteiligung der Zuhörer – ca.

60 Teilnehmer des Anwaltstags waren bei der Veranstaltung zugegen – diskutiert. Der Berufsrechtsausschuss hat das rege Interesse an dieser Form der Diskussion ethischer Fragestellungen zur Kenntnis genommen.

Ergebnis der Diskussion

Der Erweiterte Berufsrechtsausschuss bleibt bei seiner einstimmig eingenommenen Haltung, einen formulierten Kodex oder die Formulierung ethischer Gebote abzulehnen. Ein solcher Kodex mutet Kolleginnen und Kollegen, die ihm nicht zustimmen, Normen zu, die keine Legitimation in unserer demokratischen Gesellschaft haben. Auch im Berufsrecht gibt es keine Rechtsgrundlage für derartige Richtlinien.

Allerdings muss sich der Deutsche Anwaltverein weiterhin der Diskussion über ethische Grundfragen stellen. Allein die Verneinung eines Ethikkodexes heißt noch nicht, die Diskussion zu beenden. Diese Diskussion um ethische Grundfragen ist nicht nur der Weg zu einer Antwort auf ethische Fragen, sondern der Weg selbst ist auch das Ziel. Der Berufsrechtsausschuss spricht sich für eine kommunikative, dialogische Behandlung ethischer Fragen aus. Der Ausschuss wählt nicht den Begriff der „diskursiven" Behandlung der Berufsethik, da der Begriff des Diskurses nicht eindeutig ist. Die Philosophen verstehen unter ihm eine logische Abfolge von Argumenten, die Sprachwissenschaftler gerade die Diskussion auf verschiedenen Sprachebenen. Letzteres kommt der Vorstellung des Ausschusses nahe, Ersteres nicht. Der Ausschuss sieht sich mit diesen Vorstellungen in Übereinstimmung mit dem Beitrag von Prof. Reinhard Gaier, Richter des Bundesverfassungsgerichts, der seine Ansicht im Kölner Kammerforum 3/2010, 77, geäußert hat (...). Der Ausschuss hat diskutiert, den Begriff der Anwaltlichen Berufsethik durch Attribute zu präziseren (diskutiert wurden neben diskursiv kommunikativ, dialogisch und demokratisch); da dies als Begrenzung empfunden wurde, hat der Ausschuss davon abgesehen. Ausführlich wurde erörtert, den Begriff der Ethik durch den des Ethos zu ersetzen. Auch wenn Letzterer richtiger ist (mit Ethos werden die Werte, mit Ethik die Wissenschaft der Werte angesprochen), bleibt der Ausdruck bei dem Begriff der Anwaltlichen Berufsethik, weil er so eingeführt ist und „jeder versteht, was darunter gemeint ist".

Es wird in der Anwaltschaft auch in Zukunft das Bemühen geben, ethische Regeln zu normieren. Dem Ausschuss liegt z. B. der Ethikkodex des Bundes Katholischer Rechtsanwälte vor (...). Der Vorschlag einer ... Berufsethik – so wie sie der Ausschuss versteht – hat den Vorzug, dass derartige Kodices in die Diskussion einbezogen werden können, während umgekehrt die Dogmatik eines Kodexes mit einer offenen Diskussion nicht leben kann.

Der 68. Juristentag hat sich im September 2010 einer Entscheidung entzogen. Ob feste Regeln ja oder nein soll „dem Ergebnis der Diskussion vorbehalten bleiben" (Beschluss 26a der Abteilung Berufsrecht).

Der 125. Hauptversammlung der BRAK in Dresden wurde ein „Diskussionspapier" zur Berufsethik vorgelegt, geschrieben von einer von der BRAK berufenen Ethik-Kommission. Diese Vorschläge sollen jetzt von den Kammern diskutiert werden. Die Ethik-Kommission selbst hat ihre Arbeit beendet."

Es folgen konkrete Vorschläge zur praktischen Umsetzung dieser Generallinie. Es bleibt abzuwarten, in welcher Weise der Vorstand des DAV und die BRAK dieses Thema weiter behandelt. Dazu auch *Ute Döpfer*, Vertrauen ist gut – Ethik ist besser?, AnwBl. 2011, 101.

Zur Moral der Strafverteidigung siehe den bemerkenswerten Vortrag von *Franz Salditt*, veröffentlicht im AnwBl. 2009, 805.

Vollberuf – Nebenberuf

Der Anwalt als Zweitberuf s. BVerfG 1 BfR 79/85, 643,87, 442/89, 238, 1258/90 und 772, 909/91 vom 4.11.1992, BVerfGE 87, 287.

Freiheit und Reglementierung der Advokatur

Deutschland

Zur anwaltlichen Freiheit als Freiheit gegen staatliche Beschränkung und Disziplinierung siehe meine Anmerkungen oben S. 137.

Die Schrift von *Franz-Josef Friese*, Die Freiheit der Advokatur in Deutschland, Niederlassungsfreiheit, Werbefreiheit und Fachanwalt, 1989, nimmt das Postulat der Freiheit der Advokatur wie ein selbständiges Fanal hin, ohne dass man eine sorgfältige Analyse findet. Aber auch hier überwiegt die Bestimmung der Freiheit der Advokatur als Abwehrhaltung gegenüber dem Staat.

Zum Einfluss verfassungsgerichtlicher Formulierungen auf die §§ 1 ff. BORA s. *Wolfgang Hartung* in Hartung, Anwaltliche Berufsordnung, 3. Aufl., 2006, § 1 Rz. 61 f.

Adolf Arndt hat versucht, aus dem Verfassungsanspruch des Art. 103 GG – Anspruch auf rechtliches Gehör – anwaltliche Grundrechte herzuleiten (vgl. Arndt, NJW 1959, 6; 1959, 1297; 1967, 1331). Die Ansicht hat sich nicht durchsetzen können (vgl. auch *Rüdiger Zuck*, AnwBl. 1990, 589, 591). *Udo Reifner*, Die freie Advokatur und das Bundesverfassungsgericht, NJW 1984, 1151, sieht als verfassungsmäßig verbürgt an, dass der Staat niemals aus politischen Gründen in die Anwaltsprofession eingreifen oder die Zulassung an politische Kriterien anknüpfen darf. Auch hier wieder in erster Linie das Abwehrrecht gegen den Staat. Allerdings auch die Schwierigkeit, das allgemeine Postulat in konkrete Tatbestände umzusetzen. Ähnlich allgemein endet der Beitrag von *Wolfgang Schier* – Präsident a.D. des BayObLG – in AnwBl. 1984, 410, zur „Stellung des Rechtsanwalts in der Rechtsprechung der Verfassungsgerichte": „Letztlich ergibt sich die verfassungsrechtliche Notwendigkeit des Anwaltsberufs aus seiner Unverzichtbarkeit für die Stellung des Bürgers in der freiheitlich demokratischen Rechtsordnung ..." Ähnlich auch *Christian Kirchberg*, Anwaltschaft und Verfassungsrecht, in DAV-Ratgeber, S. 39.

Positiver *Gerhard Hartstang*, Der deutsche Rechtsanwalt, 1986, S. 61 ff., der dies bejaht. Er belegt die Verbindung zwischen dem Grundgesetz und der Anwaltschaft durch Art. 2 Abs. 1, Art. 3, Art. 12, Art. 19 Abs. 4 und Art. 103 Abs. 1 GG. „Die oben genannten Verfassungsbestimmungen bilden bei all ihrer spezifischen Verschiedenartigkeit die gemeinsame Grundlage für die verfassungsrechtlich abgesicherte Stellung des Rechtsanwalts in unserem Staat." Ebenso *Hartstang*, Anwaltsrecht, 1991, 253 ff.; ähnlich auch *Markus B. Rick*, Die verfassungsrechtliche Stellung des Rechtsanwalts, Diss. Köln, 1998, S. 73 ff. Ohne Zweifel ist der Rechtsanwalt in diesen Bestimmungen nicht ausdrücklich erwähnt. Ohne Zweifel kann er sich auf Art. 12 GG berufen. Ich bezweifle, ob es besondere Grundrechte des Anwalts gibt, und glaube eher, dass er sich in besonderer Weise die allgemeinen Grundrechte zu Nutze machen kann.

Die MasterPat-Entscheidung vom 29.10.1997 trägt das Aktenzeichen 1 BvR 780/87 und ist veröffentlicht in NJW 1998, 3481.

Weitere Entscheidungen des BVerfG auf dem Weg zum Rechtsdienstleistungsgesetz:

BVerfG v. 20.2.2002 – BvR 423/99 ua., NJW 2002, 1190 („Inkassounternehmen"); v. 27.9.2002 – 1 BvR 2251/01, NJW 2002, 3531 („Erbenermittler"); v. 29.7.2004 – 1 BvR 737/00, NJW 2004, 266 („unentgeltliche Rechtsberatung I"); v. 16.2.2006 – 2 BvR 951/04 ua. NJW 2006, 1502 („unentgeltliche Rechtsberatung II"),

Sodann schließlich: Rechtsdienstleistungsgesetz v. 12.12.2007, BGBl. I 2007, 2840 mit nachfolgenden Änderungen.

Reglementiert ist das anwaltliche Vergütungsrecht. Zum 1.7.2004 wurde die BRAGO abgelöst durch das Rechtsanwaltsvergütungsgesetz (RVG). Ob die gesetzliche Normierung der Anwaltshonorare europarechtlich Bestand haben wird, ist zweifelhaft (s. auch ....). Die letzte größere Diskussion wurde durch die Entscheidung des BVerfG ausgelöst, das absolute Verbot das Erfolgshonorar aufzuheben (BVerfG v. 12.12.2006 – 1 BvR 2576/04 AnwBl. 2007, 297). Eine eingeschränkte Zulässigkeit findet sich jetzt in § 4 a RVG. Dazu die Diskussion von *Streck* (Vorsitzender Berufsrechtsausschuss des DAV) und *Edith Kinder-*

mann (Vorsitzende des Ausschusses RVG und Gerichtskosten des DAV) zur Frage ob das Erfolgshonorar ein Erfolgsmodell für die Anwälte wird (AnwBl. 2008, 33).

Europa

Um den Einfluss Europas auf die deutsche Anwaltschaft genauer zu studieren, sollte man den Vortrag von *Hans-Jügen Hellwig*, Anwaltliches Berufsrecht und Europa, AnwBl. 2011, 77, sowie denjenigen, den er auf dem 58. Deutschen Anwaltstag am 18.5.2007 in Mannheim gehalten hat, lesen (AnwBl. 2007, 576; vorher auch schon *Hellwig*, Liberalisierung und Verlust der Selbstverwaltung, AnwBl. 2006, 505). Die Selbstverwaltung der Anwaltschaft wurde ua. gefährdet durch die Entwicklung in England und Wales, in der die Law Society, die sowohl Aufsichtsbehörde als auch Interessenverband war, aufgebrochen wurde (dazu *Ahlers*, AnwBl. 2006, 382 und zu dem auslösenden Clementi – Bericht *Hellwig*, AnwBl. 2005, 342). Zum anwaltlichen Gebührenrecht und seinen europarechtlichen Maßstäben s. EuGH v. 19.2.2002 – Rs. C-35/99 (Manuela Arduino), NJW 2002, 882.

Der Rechtsdienstleistungs-Markt

Nachfrage: Braucht der Markt die anwaltliche Profession?

Die Behauptung, dass der Anwaltsmarkt ein Nachfragemarkt ist, kann ich nicht durch ökonomische und soziologische Daten belegen. Ich formuliere diese These als Teilnehmer des Anwaltsmarkts. Den Nachfragemarkt erlebe ich tagtäglich. Ich höre ihn aus vielen Diskussionen und Gesprächen mit Kolleginnen und Kollegen. Es ist eine These, auf die die unternehmerische Entscheidung einer Anwältin oder eines Anwalts bauen kann. Und solche unternehmerischen Entscheidungen, die immer mit Risiken behaftet sind, stützen sich in der Mehrzahl der Fälle nicht auf statistische Erhebungen, die ohnehin dann, wenn sie veröffentlicht sind, fast schon veraltet sind und den aktuellen Markt nicht mehr widerspiegeln. Die FAZ vom 13.5.2000 formulierte auf S. 65 erstmals als Headline: „Anwälte und Berater werden händeringend gesucht."

Zur Klage über den „Verlust des Rechts" siehe *Milos Vec*, Die Norm begräbt den Staat, FAZ vom 27.11.1999.

Das optimistische Bild von der expandierenden Rechtsberatungsnachfrage zeichnet auch *Benno Heussen*, Anwalt und Mandant, 1999, S. 21, 30: „Ich bin sicher, dass der Markt sich ohne staatliche Eingriffe selbst regulieren kann. Schon heute hätten wir Kapazitätsprobleme, wenn wir all die Arbeit auf dem Tisch hätten, die im Rechtsberatungsbereich von Versicherungsmaklern, Finanzberatern und Unternehmensberatern aller Art erbracht wird. Auch für 200.000 Anwälte ist Arbeit da, wenn sich dafür 30.000 Bankangestellte, Versicherungsmakler oder Finanzberater auf ihr Kerngeschäft beschränken oder enger mit uns zusammenarbeiten würden."

Auf dem DAV-Forum „Zukunft der Anwaltschaft" 1998, AnwBl.-Sonderheft zu 2/2000, stellte *Andreas Tilp* den Beratungsmarkt der Kapitalanleger, *Hermann Plagemann* das Vertragsarzt- und Arbeitslosenrecht, *Hubert van Bühren* das Versicherungsrecht, *Karsten Sommer* das „grüne Recht", *Norbert Weber* die Schuldnerberatung, *Klaus Schlimm* das Betreuungsrecht und *Thomas Spörer* die nichtgerichtliche Konfliktregelung vor. *Günter Bandisch* und *Hans-Jochen Lüer* behandeln die Massen-Anwalts-Geschäfte und das Inkassogeschäft, *Hans-Jürgen Gebhardt* die Arbeit der Verkehrsrechtsanwälte.

Auf dem Anwaltstag in Bonn 1999 schilderte *Renate Künast*, grüne Spitzenpolitikerin, die Möglichkeit anwaltlicher Tätigkeit bei Bürger-Mitwirkungsrechten, insbesondere im Umweltbereich. S. AnwBl. 1999, 451: „Die Reizworte sind: Volksentscheid, Bürgerentscheid, Verbandsklage, Akteneinsichts- bzw. Informationsrechte und die Instrumente des konsensualen Verwaltungshandelns. Für die Bürgerinnen entstehen eine Vielzahl von neuen Beteiligungsformen, die sie jedoch in großen Teilen nicht nutzen (können), weil ihnen das juristische Fachwissen und die Verhandlungserfahrung fehlt. Insbesondere bei Großprojekten wird man von einer argumentativen Übermacht des Investors ausgehen müssen, die auf der Seite der Bürgerinnen einen fachlichen Beistand zwingend voraussetzt. Hier ist der Ansatzpunkt, eine Entwicklungsmöglichkeit für anwaltliche Tätigkeit."

Und was das Sozialrecht anbelangt, eine motivierende Entscheidung des BVerfG (vom 11.5.2009 – 1 BvR 1517/08, AnwBl. 2009, 645; Leitsatz der Redaktion): „Die Beauftragung eines unabhängigen und frei auszuwählenden Rechtsanwalts gehört zur effektiven Rechtswahrnehmung. Es kann einem Rechtssuchenden nicht zugemutet werden, den Rat derselben Behörden in Anspruch zu nehmen, deren Entscheidung er angreifen will. Beratungshilfe im Sozialrecht kann daher nicht mit dem Argument verweigert werden, dass es für den Rechtssuchenden zumutbar sei, selbst kostenlos Widerspruch einzulegen und sich dabei von der Behörde beraten zu lassen, die den Ausgangsverwaltungsakt erlassen hat."

Angebot: Anwältinnen Anwälte am Markt

„Anwälte müssen sich entscheiden, wofür sie am Markt anwaltlicher Dienste stehen – sie müssen Schlüsselworte in den Köpfen ihrer Mandanten. … besetzen. Schlüsselworte, die für ein klar formuliertes Leistungsangebot stehen“ (*Christoph Hommerich*, Forum „Zukunft der Anwaltschaft“, s. nachfolgend).

Der für die Anwaltschaft wegweisende Vortrag zur Kundenorientierung, zum Unternehmer mit Marketing, zum Anwalt als Dienstleister war der Hauptvortrag von *Wolfgang Schiefer* auf dem 44. Anwaltstag 1987 in Hamburg, „Anwalt im Zeitalter der Dienstleistung – Herausforderung zum Wandel“, AnwBl. 1987, 360. Der Vortrag war ausgelöst und bedingt ua. durch die sog. Prognosstudie „Inanspruchnahme anwaltlicher Leistungen“, eine Studie der Prognos AG von *Reinhart W. Wettmann* und *Knut Jungjohann*, 1986; auch Sonderheft AnwBl. März 1987.

Seit Beginn der neunziger Jahre sind die Themen Marketing und Werbung Standardgegenstände von Büchern, Aufsätzen, Vorträgen und Seminaren. Auf dem Forum des DAV „Zukunft der Anwaltschaft“, 1998, AnwBl. Sonderheft 2/2000, befassten sich *Hommerich, Schwackenberg* und *Tilp* mit diesem Thema. Aktuell ist noch das beachtenswerte Werk von *Hartung/Römermann*, Marketing und Management – Handbuch für Rechtsanwälte 1999, erschienen. Hier erwähne ich, was mir in meinem Kontext besonders bemerkenswert erscheint.

Beschlüsse des Forums „Zukunft der Anwaltschaft“, 1.–3.10.1998, AnwBl. 1998, 545 ff., Sonderheft 2/2000, auf Vorlage des Arbeitskreises II (Auszug):

„Der Anwaltsberuf als selbstgestalteter Lebensentwurf

Der Wettbewerb im Rechtsberatungsmarkt wird sich weiter verschärfen.

1. Eine Konzentration der Kanzleien auf bestimmte Arbeitsfelder ist aus wirtschaftlichen Gründen notwendig.

   57 : 5 : 5

2. Die Chancen im Wettbewerb werden durch die Größe einer Kanzlei weder garantiert noch ausgeschlossen.

   61 : 1 : 6

3. Anwaltliche Tätigkeit muss sich am Bedarf des Mandanten orientieren. Dazu erforderliche interdisziplinäre Zusammenarbeit darf berufsrechtlich nicht behindert werden.

   63 : 2 : 3

4. Erfolg erfordert eine zielgerichtete und marktorientierte anwaltliche Tätigkeit. Neue Beratungsfelder müssen erkannt, besetzt und konsequent verkauft werden.

   50 : 11 : 8“

Beschlüsse des Forums „Zukunft der Anwaltschaft“ zu den anwaltlichen Tätigkeitsbereichen auf Vorlage des Arbeitskreises III:

„1. Die Sicherung und mögliche Ausweitung forensischer anwaltlicher Tätigkeit ist eine berufspolitische Aufgabe; die Möglichkeiten sind noch nicht voll genutzt. Wegen der notwendigen Qualitätsverbesserung in der Justiz ist der Anwaltszwang, insbesondere an den Amtsgerichten, auszudehnen. Schwerpunkte der Ausweitung anwaltlicher Tätigkeit liegen im außerprozessualen Bereich. Hierfür hat das Gebührenrecht mehr als bisher Anreize zu schaffen.

   49 : 5 : 12

2. Der Anwalt muss aktiver als bisher den Mandanten über seine Kompetenzbereiche informieren und zusätzlichen Beratungsbedarf auch im Rahmen des bestehenden Mandatsverhältnisses erkennen.

   62 : 0 : 4

3. Im nichtforensischen Bereich ergeben sich Ausweitungsmöglichkeiten des anwaltlichen Tätigkeitsspektrums ua. in den Bereichen:
   - Beratungsmarkt
   - außergerichtliche Konfliktbeilegung
   - interprofessionelle Kooperation
   - Verlagerung aus der Enge der Anwaltskanzlei heraus.

   64 : 0 : 2

4. Im Beratungsmarkt sind neue Felder zu erschließen, vorhandenes Terrain ist besser zu nutzen. Anwältinnen und Anwälte müssen die an benachbarte Berufe verloren gegangenen Terrains zurückgewinnen, weitere Feldverluste vermeiden und geeignete Tätigkeitsgebiete neu besetzen.

   39 : 13 : 12

5. Im Bereich außergerichtlicher Konfliktbeilegung besteht Marktpotential ua. in den Bereichen:
   - Mediation (Mediator oder Interessenvertreter der Beteiligten)
   - Schiedsgerichtsverfahren (Parteienvertreter oder Schiedsrichter)
   - Institutionalisierte vorgerichtliche Streitbeilegung (Parteivertreter oder Schiedsrichter)
   - Institutionalisierte vorgerichtliche Streitbeilegung (als Parteivertreter oder Schlichter).

   62 : 0 : 1

6. Die interprofessionelle Kooperation (national oder international) kann sich auf rechtsnahe Bereiche ebenso erstrecken wie auf eher wirtschaftlich oder technisch definierte Themen. Eine großzügige Zusammenarbeit mit Drittberufenen ist im Sinne der Berufsfreiheit einerseits und einer effektiven Mandatswahrnehmung andererseits umfänglich zu legitimieren, gleich, ob in dauerhafter Kooperation oder einzelfallbezogen.

   57 : 8 : 4

7. Wünschenswert ist eine Erweiterung der sozietätsfähigen Berufe auf solche, die dem Gebot der Unabhängigkeit, der beruflichen Verschwiegenheitspflicht, dem Verbot der Wahrnehmung widerstreitender Interessen und einer Kammeraufsicht unterliegen. Die jeweiligen Berufsordnungen sind möglichst weitgehend zu harmonisieren.

   54 : 0 : 8

8. Das Angebot anwaltlicher Tätigkeit muss den traditionellen Bereich der Kanzlei verlassen. Alte und neue Medien sind zu nutzen. Brennpunkte des Rechtsberatungsbedarfs sind aufzusuchen. Die Qualität der anwaltlichen Beratungsleistung ist unabhängig vom

Ort der Erbringung und von dem Einsatz der Medien zu gewährleisten.

57 : 1 : 4

9. Die Berufsorganisationen haben die Entwicklung kreativer neuer anwaltlicher Dienstleistungsformen zu fördern und zu unterstützen.

59 : 0 : 3

10. Auch die Rechtsberatung in den Medien ist Anwaltssache.

59 : 1 : 1“

Benno Heussen, Anwalt und Mandant, 1999, S. 101: „Die Akquisitionsstrategien sind zahlreich und im Wesentlichen abhängig von den Zielen, die man anstrebt. Der Katalog ist im Wesentlichen deckungsgleich mit den Suchstrategien der Mandanten, reicht also von der Spezialisierung über Veröffentlichungen und Seminare, Mitgliedschaften in den Verbänden und Vereinen bis hin zu dem ganzen Katalog der Werbemaßnahmen, die oben im Einzelnen dargestellt worden sind. Je nach dem Profil des Büros, das man gestalten will, wird man den Schwerpunkt entweder in der Werbung, im Marketing oder in den Public Relations sehen. In allen drei Bereichen haben Anwälte ihre Arbeit schon immer dargestellt, auch wenn die Formen erst vor kurzem offener geworden sind. Man kann sie wie folgt unterscheiden.

- Werbung: Ich sage, was ich kann.
- Marketing: Meine Arbeit sagt, was ich kann.
- Public Relations: Andere sagen, was ich kann.“

Von Benno Heussen auch lesenswert Akquisition und Mandatsentwicklung, 2001.

Dass Anwälte Werbung durch Sponsoring betreiben können, verdanken wir BVerfG 1 BvR 721/99 vom 17.4.2000, BRAK-Mitt. 2000, 137. Das BVerfG wird auch weiterhin nicht müde, das Werberecht der Anwälte zu unterstreichen; BVerfG v. 7.11.2002 – 1 BvR 580/02, NJW 2003, 277: JUVE – Ranglisten zulässig; vom 28.2.2003 1 BvR 189/03, BRAK-Mitt. 2003, 127, vom 3.7.2003 1 BvR 238/01, KammerForum Köln 2003, 263: Hinweis auf optimale Interessenwahrung zulässig; BVerfG v. 4.8.2003 – 1 BvR 208/02 AnwBl. 2003, 584: Werbung mit

Sporterfolgen zulässig; vom 26.10.2004 1 BvR 981/00 AnwBl. 2005, 68: Werbung auf Straßenbahnwagen zulässig (betr. Steuerberater).

Und gegen den Wortlaut des § 43 b BRAO ist auch die Werbung um einen Einzelauftrag zulässig (KG vom 31.8.2010 – 5 W 198/10, AnwBl. 2010, 800).

In der Unternehmensberatung gibt es einen Bereich, der sich ausgesprochen mit der „Fehlerkultur" befasst. Hiernach werden Fehler und Misserfolge geradezu gezüchtet, um aus ihnen Besseres und Positives zu lernen. Wer sich mit moderner Qualitätskontrolle, mit TQM und ISO-Regeln beschäftigt, wird ebenfalls zunächst die Entdeckung machen, dass Fehler eine ganz neue Bedeutung bekommen. Sie sind nicht der Anlass für Schuldzuweisungen und Sanktionen, sondern Wegweiser für Verbesserungen.

Jens-Peter Lachmann, Das magische Berufsquadrat: Generalist, Spezialist, Kanzlei, Großsozietät, Vortrag auf dem Forum „Zukunft der Anwaltschaft" 1998 in Mainz, AnwBl. Sonderheft zu 2/2000, Berliner Anwaltsblatt 1999, 229. Er sieht den Generalisten, so wie von mir gezeichnet, skeptischer. „Vielleicht könnte ein anwaltlicher Generalist z. B. als externe Rechtsabteilung kleiner Unternehmen fungieren, um die Routinearbeit zu erledigen, beim Auftreten von Spezialfragen jedoch Experten einzuschalten und deren Arbeit zu koordinieren. Ein Allgemein-Anwalt, der überweist, wenn es speziell wird, ist jedoch auf Dauer Einheiten unterlegen, die ein zugleich breites und fachlich vertieftes Leistungsangebot bereithalten. Er wird dem Mandanten seinen wirtschaftlichen Wert und damit auch die Berechtigung einer auskömmlichen Vergütung nur schwer plausibel machen können, wenn er ihn, sobald es ernst wird, nur noch zum Fachmann begleiten kann. ..." Hier wird der Vertrauenstransfer unterschätzt, den der Generalist zum Spezialisten herstellen kann. Der Spezialist ist nicht so verfügbar und dem Mandanten so nahe, wie der von mir gekennzeichnet Generalist. Ein erfrischendes Plädoyer für den Generalisten findet sich in AnwBl. 2010, 671 von *Verena Mittendorf*, Vizepräsidentin des DAV; und es erstaunt nicht, in AnwBl. 2010, Heft 12, XI positive Leserreaktionen zu lesen.

Bei *Lachmann* findet sich eine Summierung der Vorteile der großen Kanzleien: Sie ist für die Mitarbeiter attraktiver. Sie hat größere Arbeitskapazitäten und Arbeitselastizitäten. Sie kann wirtschaftliche Risiken reduzieren. Sie erleichtert größere Investitionen. Allerdings weist er darauf hin, dass größere Sozietäten nicht unbedingt höheren Umsatz und höheren Gewinn garantieren. Sodann: „Mit dem Wachsen der Einheit wächst auch das Ausmaß der Fremdbestimmtheit. Der Sozietätsanwalt verzichtet, wenn er nicht Primus in einer societas leonina ist, auf viele Freiheiten und eigenständige Entscheidungen. Je größer die Einheit wird, desto geringer sind der eigene unternehmerische Freiraum und die Möglichkeiten bestimmender Einflussnahme. Der Sozietätsanwalt muss letztlich auch Entscheidungen hinnehmen, mittragen und „ausbaden", gegen die er sich vehement gewehrt hat."

Auf dem Anwaltstag 1995 in Berlin sprach *Bodo Harenberg*, Kommunikation, Verlags- und Mediengesellschaft mbH & Co KG, Dortmund, zu dem Thema „Outsourcing von Firmen-Rechtsabteilungen – Praktische Erkenntnisse für den Rechtsanwalt", AnwBl. 1995, 473. Er bestätigt die Tendenz, dass sich Rechtsabteilungen und Justitiare dadurch überflüssig machen, dass der Rechtsrat außer Haus gegeben wird. Das vertrauensvolle Verhältnis zu einem Anwalt vor Ort wird gesucht, daneben wird es als vorteilhaft angesehen, wenn man durch Beratungsgespräche mit anderen Beratern Anregungen gewinnt. Auch hier ist das Bild des Generalisten nicht so ausgeprägt, wie ich es zeichne.

Thomas F. Gibbons, AnwBl. 1990, 282, 284, erwartet, dass es in den USA in Zukunft auch mittleren Firmen, die sich spezialisieren, gut gehen wird. Allerdings müssen diese nicht versuchen, für jeden Klienten alles anzubieten. Zu diesen kleinen Anwaltsbüros: „Eine Handvoll solcher Firmen beginnen bereits, sich als die größten Geldmacher in Städten wie Dallas, San Francisco und Boston an die Spitze des Wettbewerbs zu setzen ... Was kleine Firmen und vor allen Dingen Einzelanwälte angeht, wird es sie geben, aber es wird härter denn je für sie sein, Gewinne zu machen. Spitzester Stachel in ihrem Fleisch werden Ketten von Anwaltsfirmen sein ..., die die kleineren Firmen durch Massengeschäft unterdrücken können."

Rembert Brieske berichtet in der Festschrift „12 Jahrzehnte MAV", herausgegeben vom Münchner Anwaltverein, 2000, über das „Elend der Anwaltschaft und Zukunft der Anwaltschaft". Hier werden sehr deutlich die sozialen Verwerfungen gezeigt, die uns die hohen Zulassungszahlen bringen. Darüber will ich keinesfalls einfach hinweggehen. Aber auch er schließt mit einer positiven Perspektive: „Nur ein immer neue Ideen entwickelnder und fremde Ideen aufnehmender Berufsstand wird mit seinen zukünftigen kreativen Mitgliedern überleben, dabei hat er seine ihn prägenden Funktionen hochzuhalten; nicht aber solche Gedanken, die eine die Essentials wahrende Fortentwicklung gegen Stagnation austauscht."

Zur Berechnung, dass die durchschnittliche US-Sozietät aus 1,8 Anwälten besteht s. *Benno Heussen/Thomas Griebel*, AnwBl. 2000, 385.

Und, vor der Drucklegung, erwähne ich noch den Beitrag von *Sven Thomas* in der Festschrift für Streck, 2011, 813 ff. über Der „Brand" von Anwaltsozietäten.

Der Arbeitskreis III des Forums „Zukunft der Anwaltschaft", 1.-3.10.1998, Mainz, AnwBl. 1998, 545, Sonderheft 2/2000, hat sich mit den Bedingungen sozietätsfähiger Berufe befasst. Hierzu die These 7, die mit 54 : 8 angenommen wurde: „Wünschenswert ist eine Erweiterung der sozietätsfähigen Berufe auf solche, die dem Gebot der Unabhängigkeit, der beruflichen Verschwiegenheitspflicht, dem Verbot der Wahrnehmung widerstreitender Interessen und einer Kammeraufsicht unterliegen ..." Diese Ausdehnung wird seit Jahren diskutiert; sie sollte mit der Reform des Rechtsberatungsgesetzes erfolgen, wurde dann aber wieder, auch wegen der Uneinigkeit der Anwaltschaft, zurückgestellt.

Was die Medien anbelangt, ist von Interesse, was die Bundesregierung am 19.7.2000 auf eine Anfrage der FDP (BT-Drucks. 14/2564) antwortete:

„Sieht sich die Bundesregierung veranlasst, die Rechtsunsicherheit, welche im Bereich der Medien besteht, wenn diese über Rechtsfragen – auch unter Bezugnahme auf Einzelfälle – berichten oder aber Hilfe als Publikationsorgan leisten, zu beseitigen?

Sieht die Bundesregierung die Notwendigkeit einer Änderung des Rechtsberatungsgesetzes aufgrund der immer wieder auftretenden Streitigkeiten über die Frage der unerlaubten individuellen Rechtsberatung durch Fernseh- und Radiosendungen?

Nach den Kriterien, die die Rechtsprechung zur Abgrenzung zwischen unerlaubter Rechtsberatung und zulässiger Darstellung rechtlicher Angelegenheiten in den Medien entwickelt hat, darf mit der Berichterstattung insbesondere nicht bezweckt werden, konkrete Ansprüche fremder Personen durchzusetzen. Die beispielhafte Darstellung von Rechtsfragen sehen die Gerichte dagegen als zulässig an. Maßgebend sind die Umstände des Einzelfalls. Die Bundesregierung hält diese Kriterien für hinreichend klar und praxistauglich ...

Wie beurteilt die Bundesregierung die Rechts- und Lebenshilfe der Medien hinsichtlich des Verbraucherschutzes?

Die Bundesregierung beurteilt die Rechts- und Lebenshilfe durch die Medien grundsätzlich positiv. Wegen der großen Breite der Gestaltungsmöglichkeiten ist aber eine allgemein gültige Beantwortung der Frage nicht möglich. Steht es im Vordergrund, möglichst hohe Auflagen und Einschaltquoten zu erzielen, kann darunter die Qualität der Informations- und Beratungsleistungen leiden. Soweit in einzelnen Fällen Medien Rechtsfälle dadurch zu lösen suchen, dass sie Personen an den Pranger stellen, ist dies auch im Hinblick auf den Verbraucherschutz fragwürdig. Werden Rechtsfälle vorbei am Recht oder gegen das Recht gelöst, läuft dies nicht nur rechtsstaatlichen Grundsätzen zuwider, sondern liegt auch nicht im wohl verstandenen Interesse des Verbrauchers …

Ist die Bundesregierung der Auffassung, dass ein Rechtsuchender, welcher sich an die Öffentlichkeit wendet und die Lösung seines Problems über die Mechanismen des öffentlichen Meinungsmarktes verfolgt, nicht des im Rechtsberatungsgesetz normierten Verbraucherschutzes bedarf?

Nein.

Erkennt die Bundesregierung in der Berichterstattung der Medien im Bereich der Rechts- und Lebenshilfe eine Konkurrenz für die anwaltliche Tätigkeit?

Nein. Unter der Voraussetzung, dass in der Antwort auf die obigen Fragen genannten Kriterien zur Abgrenzung zwischen unerlaubter Rechtsberatung und zulässiger Information eingehalten werden, können Medienbeiträge im Bereich der Rechts- und Lebenshilfe keine Konkurrenz für die anwaltliche Tätigkeit darstellen. Domäne des Anwalts ist die individuelle Beratung des Mandanten im konkreten Einzelfall und die Durchsetzung etwaiger Ansprüche nach fachkundiger Prüfung des Einzelfalles. Gerade das können die Medien mit ihren Beiträgen nicht leisten. Indem die Medien über Rechtsfragen und Rechtsfälle informieren, verbessern sie die Rechtskenntnisse der Bürgerinnen und Bürger. Soweit die Bürger dadurch erst in die Lage versetzt werden, Rechte zu verfolgen, treten die Medien nicht in Konkurrenz zur Anwaltschaft, sondern tragen im Gegenteil dazu bei, dass Rechtsanwältinnen und Rechtsanwälte von Bürgerinnen und Bürgern, die über ihre Rechte informiert sind, mit der Wahrnehmung ihrer Interessen betraut werden."

Juristen werden Anwälte Anwältinnen

Der Weg zum Volljuristen

Zum Dauerthema Juristen und Anwaltsschwemme siehe z. B. *Erich Klinge*, AnwBl. 1980, 173; *Georg Greissinger*, AnwBl. 1982, 223; *Erhard Senninger*, AnwBl. 1983, 394; *Gerhard Commichau*, AnwBl. 1984, 73; *Erwin Weit*, AnwBl. 1984, 419; *Wolfgang Harms*, AnwBl. 1984, 113. Als Schwemme wurden 1980 37.000 Anwältinnen und Anwälte angesehen. Der Markt ist – bisher – mit allen Zahlen klargekommen.

Entwicklung der Anzahl der Rechtsanwälte von 1950 bis 2009 (Auszug)

Jahr	**Rechtsanwälte insgesamt**
1950	12.844
1960	18.347
1970	22.882
1980	36.077
1985	46.933
1990	56.638
1992	64.311
1995	74.291
2000	104.067
2001	110.367
2002	116.305
2003	121.420
2004	126.793
2005	132.569
2006	138.104
2007	142.830
2008	146.910
2009	150.377

Aus *Hommerich/Kilian/Dreske*, Statistisches Jahrbuch der Anwaltschaft 2009/2010, 2010, 21 f.

Der Trend der steigenden Anwaltszahlen ist noch nicht zu Ende. Derzeit werden pro Jahr ca. 4.000 Anwälte neu zugelassen. Bei gleichbleibender Bevölkerungszahl heißt das, dass 1 Rechtsanwalt für 560 Einwohner da ist. Dies heißt im internationalen Vergleich :

Anwaltsdichte nach Ländern im Jahr 2007/08 (Auszug)

Land	**Anwälte**	**Einwohner pro Anwalt**
Dänemark	5.246	1.049
Deutschland	146.910	560
Finnland	1.810	2.901
Frankreich	47.765	1.341
Griechenland	38.000	283
Irland	774	5.430
Italien	213.081	273
Liechtenstein	144	241
Luxemburg	1.318	373
Niederlande	14.882	1.123
Norwegen	k.A.	–
Österreich	5.129	1.601
Polen	34.181	1.126
Portugal	25.695	417
Schweden	4.503	2.012
Schweiz	8.321	914
Spanien	154.953	262
Tschechische Republik	8.020	1.273
Türkei	60.710	1.265
Ungarn	9.934	997
Vereinigtes Königsreich (UK)	155.323	393
Vereinigte Staaten	1.162.124	264

Aus *Hommerich/Kilian/Dreske*, Statistisches Jahrbuch der Anwaltschaft 2009/2010, 2010, 39.

Zum Hohen Lied auf den Volljuristen in derzeitiger Prägung siehe *Hans Helmut Bischof*, AnwBl. 1999, 595, 596: „Alle Volljuristen stehen auf einer Stufe. Das schafft Solidarität, gegenseitiges Verständnis und Anerkennung. Das Richtergesetz nennt diesen Qualitätsausweis „Befähigung zum Richteramt". Die Abschaffung des (Voll-) Einheitsjuristen und die ausschließliche Ausbildung zum Rechtsanwalt wird, so fürchte ich, einen erheblichen Ansehensverlust der Rechtsanwaltschaft zur Folge haben. Warum fordern denn fast alle Musterschiedsgerichtsordnungen vom Vorsitzenden, dass er die staatliche Lizenz „Befähigung zum Richteramt" besitzt, das ist doch ein Ehrentitel auch für Rechtsanwälte, warum wollen sie diesen Besitzstand leichtfertig aufgeben?" Dazu an der gleichen Stelle eine Anmerkung von mir: „... Geschult in der Erkenntnis, dass unparteiliche Richtertätigkeit etwas anderes ist als parteiliche Anwaltsarbeit, wird der Jurist Anwalt, weil er die Befähigung zur Unparteilichkeit hat. Ich bin ein guter Anwalt, weil ich eine gute Richterbefähigung habe? Und diese Befähigung soll ich auch noch als Ehrentitel mit mir herumtragen? Es ist schwer, die Feder zu bremsen, und keine Satire zu schreiben." Zu diesem Thema auch *Peter Hommelhoff* in der Festschrift für Walter Sigle, 2000, 463 ff. unter der Überschrift „Anwälte im Streckbett der Richterausbildung". *Hommelhoff* will allerdings nicht die alternative Ausbildung, sondern die derzeitige Einheits-Richterausbildung durch die Einheits-Juristenausbildung ersetzen.

Konrad Redeker, Bild und Selbstverständnis des Anwalts heute, AnwBl. 1996, 503, 509: „Ziel der Ausbildung aller Juristen ist seit mehr als einem Jahrhundert die Befähigung zum Richteramt ... Das wäre noch vertretbar, wenn Inhalt und Ziel der Ausbildung mindestens weitgehend identisch wären, der so ausgebildete Einheitsjurist mit dieser Ausbildung für alle juristischen Berufe die notwendigen Kenntnisse und Fähigkeiten erhielte. Ob das früher der Fall war, will ich hier nicht untersuchen. Heute kann davon keine Rede mehr sein. Lassen sie mich ganz schlagwortartig sagen: Aufgabe des Richters ist es, auf notleidend gewordene Fälle die ihm nach dem Gesetz richtig erscheinende Antwort zu geben. Aufgabe des Anwalts ist es, das Entstehen notleidender Fälle zu verhindern durch rechtzeitige Beratung und durch Ausgleich der divergierenden Interessen ..." „Der Richter muss ... sein Urteil für richtig halten und mit ihm den Streit beenden; welche Folgen damit verbunden sind, wird er oft sehen, aber dennoch nicht hinreichend berücksichtigen können. Der Anwalt weiß um die Begrenztheit der menschlichen Erkenntnismöglichkeiten, er weiß von den verschiedenen Auslegungsmöglichkeiten der Rechtsordnung, er weiß von der Interessenlage, übrigens nicht nur seines Mandanten, sondern auch seines Gegners. Er nimmt, auch in der Gestaltung von Schriftsätzen, oft für den Richter nur schwer erkennbar, eine bestimmte Regelung in Aussicht, die ihm menschlich und wirtschaftlich vernünftig erscheint und Rechtsfrieden schaffen wird. Es mag vielleicht für den Nichtanwalt ungewöhnlich klingen: Für mich steht weniger das richtige Urteil – wer weiß schon, was das ist –, sondern der Rechtsfriede im Mittelpunkt aller Tätigkeiten der Juristen."

Zur Ausbildungsreform und zur Situation junger Rechtsanwältinnen und Rechtsanwälte – auch ein Beitrag zur Koalition pensionierter Oberlandesgerichtsräte und Referendare bzw. junger Anwälte – ein Auszug aus meinem Vortrag „Möglichkeit und Notwendigkeit von Rechtsanwältinnen und Rechtsanwälten, auf Normensysteme Einfluss zu nehmen", gehalten am 28.11.1999 anlässlich des X. Forums Junge Rechtsanwältinnen und Rechtsanwälte in Timmendorfer Strand, veröffentlicht in Advoice 1999, 21, 26:

Sie, die jungen Rechtsanwältinnen und Rechtsanwälte, „müssen mir, dem Vorstand und Präsidium des DAV, Fragen beantworten, die uns bedrängen. Jedes Jahr werden 7.000 bis 8.000 Juristen neue Rechtsanwältinnen und Rechtsanwälte, Juristen, die Rechtsanwältinnen und Rechtsanwälte werden müssen, nicht unbedingt wollen, Rechtsanwältinnen und Rechtsanwälte, die um ihre Existenz kämpfen, Rechtsanwältinnen und Rechtsanwälte, die in Not sind. Aber dies sind Rechtsanwältinnen und Rechtsanwälte, die nicht schreien. Menschen, die in Not sind, geben Signale, wollen auf ihre Not aufmerksam machen, wollen aus der Not heraus, werden aggressiv, schreien. Die örtlichen Vereine des DAV melden keine besondere Aggressivität. Von den Rechtsanwaltskammern hören wir auch nichts dergleichen. Von „feindlichen Übernahmen" von Vorstandsfunktionen bei Vereinen und Kammern hat man uns noch nicht berichtet, obwohl solche Übernahmen leicht zu bewältigen sind. In Frankreich gehen bei der geringsten Not Schüler und Studenten auf die Straße. Mit Erfolg. Deutsche Jurastudenten,

Referendare und Junganwälte veranstalten Symposien zur Ausbildungsreform, in welchen man sich bestätigt, dass etwas geändert werden muss; und dann gibt es Sekt und Orangensaft und sonst nichts. Auf die Straße? Pfui. Oder werden Sie mir um die Ohren hauen, dass die Idee der Gerechtigkeit, bitte schön, Brecht lässt grüßen, erst dann beginne, wenn der Bauch voll ist? ... Der Juristentag im September 1998 in Bremen hat sich mit der Juristenausbildung befasst. Es war kein Protest von Studenten, Referendaren und jungen Rechtsanwältinnen und Rechtsanwälten zu hören. Es gab keine Demonstrationen. Es gab kein Spruchband etwa mit dem Inhalt „Es hängt der Muff aus 1000 Jahren an allen jungen Referendaren". Im Gegenteil: Man griff eitle, pensionierte Oberlandesgerichtsräte nicht an, jagte sie nicht zum Teufel, die die Einheitsausbildung lobten, weil sie vor 150 Jahren einmal zwei Examen mit gut oder vollbefriedigend absolviert hatten. Nein: Man schloss sich ihnen an. Die Koalition zwischen alten Herren und jungen Juristen gegen die Anwaltschaft war das Absurdeste, was der Juristentag in Bremen zu bieten hatte ... Warum mir hier dies zu sagen ein Anliegen ist: Wir, Vorstand, Präsidium, Präsident, sitzen vor den Justizministern, um Ihre Probleme, die Fragen der jungen Juristen zu erörtern, um Sie zu vertreten, um Ihr Anwalt zu sein. Wir reden über Ihre Not, und es gibt ihn nicht, den Notschrei. Manchmal beschleicht uns der Verdacht, wir hätten uns eine Wirklichkeit konstruiert, die so nicht ist. Die Generäle führen Krieg und die Soldatinnen und Soldaten haben sich längst in der Sonne und bei gutem Bier arrangiert und machen Liebe. Ich selbst rette mich dann in den Gedanken, in die Beurteilung, dass ebendieses Verhalten der Referendare und Anwälte ein Beleg für die absolut notwendige radikale Reform der Juristenausbildung ist. Referendardienst heißt nämlich auch: Normen befolgen, nicht Normen verändern. Lebensentwürfe sich geben lassen, nicht Lebensentwürfe selbst konstruieren. Das Sein richtig zu empfinden, nach dem Sollen nicht zu fragen. Und mit diesem Konstrukt, das man in sie hineinimplementiert, infam heimlich, sollen Sie Anwalt werden, der Wirklichkeiten, Normsysteme verändern soll, der selbst sein Leben bestimmen und konstruieren soll und für den jedes Sein eine Zwischenstufe zum geänderten Sein ist. In unserer Republik müssten eigentlich die Flammen des Zorns junger Juristinnen und junger Juristen wie ein Flächenbrand lodern. Und Sie müssten die Justizminister jagen, ihnen so einheizen, dass diese aufhören, darüber nachzudenken, wie man die Rechtsstaatlichkeit in der Justiz weiter einschränkt, sondern sie müssten nur noch beherrscht sein von dem Thema, wie lösche ich dieses Feuer …“

Und die Diskussion geht weiter. Gegen den „Altenzopf“ und den „Unsinn“ der großen juristischen Staatsprüfung schreibt im AnwBl. 2010, 860 der Rechtsreferendar *Christian A. Czernik*.

Reformen

Die ab dem 1.7.2003 praktizierte Juristenausbildung geht auf das Gesetz zur Reform der Juristenausbildung vom 11.7.2002, BGBl. I 2002, 2592 zurück. Vorangegangen war – nach den Brüsseler Beschlüssen der Justizministerkonferenz im Herbst 2000 über die Ablehnung einer einphasigen Juristenausbildung – ein Beschluss des DAV (s. *Kothe*, AnwBl. 2003, 325). Zur Befassung des DAV mit Juristenausbildung s. zuvor Vorstandsbeschluß vom 26.9.2001, AnwBl. 2002, 24 u. Resolution vom 4.9.1999, AnwBl. 1999, 598; dazu *Streck*, AnwBl. 1999, 668.

Zum Bologna-Prozess hat der Vorstand des DAV auf seiner Sitzung anlässlich des 59.Deutschen Anwaltstags am 30.4.2008 in Berlin folgende fünf Thesen beschlossen:

„Der Deutsche Anwaltverein befürwortet eine Umsetzung des Bologna-Prozesses in der Juristenausbildung unter folgenden Voraussetzungen:

1. Das juristische Studium wird stärker als bisher auf die Vermittlung wissenschaftlich-methodologischer Fähigkeiten („Lernern lernen") ausgerichtet.
2. Ein universitäres juristisches Bachelor-Studium dauert 4 Jahre.
3. Im Hinblick auf den Zugang zum Anwaltsberuf und den weiteren reglementierten juristischen Berufen stellt ein solcher Bachelor-Abschluss die notwendige universitäre Grundlage für den Eintritt in die weitere postuniversitäre Ausbildung (Referendariat) dar.
4. Ein universitäres Masterstudium dient als weiterführendes Studium wie bisher der weiteren Qualitfizierung der Absolventen durch Vertiefung oder Spezialisierung.
5. Voraussetzung für den Eintritt in einen juristischen Vorbereitungsdienst ist neben einem Bachelor-Studium gemäß Ziffer 2 eine als Staatsprüfung auszugestaltende Eingangsprüfung."

Zur Begründung s. AnwBl. 2008, 686. Dazu das Gespräch mit dem Präsidenten des DAV *Wolfgang Ewer*, AnwBl. 2008, 668. Außerdem *Ulrike Guckes*, Revolutioniert der Bologna-Prozess die Juristenausbildung, AnwBl. 2008, 670.

Angestellter oder Freier Mitarbeiter

Zur Unabhängigkeit angestellter Anwälte s. *Ludwig Koch* in Henssler/Prütting, BRAO, 3. Aufl., 2010, § 1 Rz. 51 ff., § 2 Rz. 18 ff., und – ohne rechtes Problembewusstsein – *Feuerich/Weyland*, BRAO, 7. Aufl., 2008, § 2 Rz. 18 ff. Ehrlich und klar *Martin Henssler* in Henssler/Prütting, aaO, § 43 a Rz. 12: „Es hat nicht an Bemühungen gefehlt, den Widerspruch zwischen der abhängigen Stellung als Arbeitnehmer und dem Berufsbild des freien, unabhängigen Anwalts aufzulösen oder zumindest zu mildern. Sie reichen von der Auffassung, von den „äußeren" Arbeitsbedingungen des Anwalts sei seine „innere" Unabhängigkeit als berufsethische Haltung zu trennen, über die Argumentation, der Arbeitnehmer-Anwalt sei nicht Mandatsträger, bis zur Trennung von Berufsausübung und Berufsstellung. Alle diese Versuche sind wenig überzeugend: Dass die unabhängige, von Bindungen freie Berufsausübung erheblich eingeengt wird, wenn der Anwalt dem Direktionsrecht seines Arbeitgebers untersteht, ihm von diesem die Mandate zugeteilt werden und er nicht selten Schriftsätze zur Unterzeichnung oder zumindest zur Prüfung seinem Arbeitgeber vorzulegen hat, ist offensichtlich und kann durch juristische Konstruktionskünste nicht aus der Welt geschafft werden."

Der angestellte Anwalt, und zwar der bei einem Anwalt oder einem sozietätsfähigen Freiberufler angestellte Anwalt, ist in der Tat eine Gegebenheit, der sich dem Begriff der Unabhängigkeit annehmen muss und die nicht durch das Postulat der Unabhängigkeit einfach zu beseitigen ist. Es ist ein noch nicht gelöstes Problem. Zum Syndikusanwalt s. S. 126.

Zum aktuellen rechtlichen Stand des Freien Mitarbeiters s. *Hartmut Kilger/Klaus Olbing/Bettina Schmidt*, AnwBl. 2000, 149.

Zu dem Problem, dass Anwaltssozietäten nicht immer geometrisch wachsen können, „besonders deswegen, weil nicht genügend Lücken vorhanden sind, um all diese neuen Mitarbeiter in fünf oder sieben Jahren zu Partnern zu machen", siehe für den amerikanischen Markt *Thomas F. Gibbons*, AnwBl. 1990, 282. Bei ihm auch der Hinweis, dass „die meisten mittleren und großen Anwaltsfirmen … ihre „Aufstiegs- oder Rausschmissphilosophie" für Mitarbeiter überdenken (müssen), derzufolge Mitarbeiter entweder Partner werden oder die Firma zu verlassen haben …" Es „wird eine mittlere Hierarchieebene in einem Wachstumstrend liegen. Diese Rechtsanwälte, die keine oder nur eine kleine Chance haben, Partner zu werden, werden als „Karriere-Rechtsanwälte" mit beträchtlich höherem Einkommen als Associates weiterbeschäftigt werden." Zu diesem Problem siehe auch *Thomas Christian Paefgen*, US-amerikanische Anwaltsfirmen, ein Werkstattbericht, AnwBl. 1995, 278.

Junge Rechtsanwältinnen und Rechtsanwälte in internationalen Kanzleien: Lesen Sie *Benno Heussen*, AnwBl. 2000, 145.

Zum Thema Bewerbung weise ich auf die Schrift von *Dieter Trimborn v. Landenberg*, Die erfolgreiche Bewerbung als Rechtsanwalt, 2. Aufl., 2005, und seinen Beitrag in dem DAV-Ratgeber für junge Rechtsanwältinnen und Rechtsanwälte, 12. Aufl., 2008, hin.

Die Zusammenarbeit – Die Sozietät

Zu dieser Form beruflicher Zusammenarbeit s. das Handbuch von *Henssler/Streck*, 2. Aufl., 2011, und *Kraus/Kunz/Mäder/Nerlich/Peres/Schmidt/Senft/Stauber/Weber*, Sozietätsrecht, 2. Aufl. 2006.

Zur hier nicht behandelten Anwalts-GmbH s. §§ 59 c ff. BRAO; *Günther Ganster*, Freier Beruf und Kapitalgesellschaft – Das Ende der freien Profession, 2000, begreift den Siegeszug der Freiberufler-Kapitalgesellschaft als Synonym für das Ende der freien Profession. Meine Anm.: Weder gibt es einen Siegeszug der Anwalts-GmbH noch steht diese für das Ende unseres Berufs. Zur Partnerschaftsgesellschaft s. das Partnerschaftsgesellschaftsgesetz; zur Zulässigkeit der Anwalts-AG s. BayObLG 3 Z BR 331/99 vom 27.3.2000, NJW 2000, 1647, u. *Martin Henssler* in *Henssler/Prütting*, BRAO, 3. Aufl., 2010, vor §§ 59 c ff. Rz. 16. Die englische LLP gewinnt in der Bundesrepublik an Bedeutung, da sie die Flexibilität und den Steuerstatus der Sozietät mit der Haftungsbeschränkung der GmbH verbindet; s. *Schnittker/Bank*, Die LLP in der Praxis, 2008 und *Markus Hortung/Vinzent Fabian Bargon*, die VK-LLP in der deutschen Praxis, AnwBl. 2011, 84.

Entwicklung des Anteils der in Sozietäten organisierten Rechtsanwälte 1967 bis 2008 (Auszug)

Jahr	Einzelanwälte	Sozien
1967	73,5	26,5
1980	62,3	37,7
1987	59,6	40,4
1991	60,8	39,2
2008	55,0	45,0

Partnerschaftsgesellschaften (Auszug)

Jahr	PartG
1996	12

2000	568
2002	746
2004	1.061
2006	1.545
2008	2.061
2009	2.378

Rechtsanwaltsgesellschaften (Auszug)

Jahr	**Gesellschaft mbH**	**Aktiengesellschaft**
1996	7	
2000	34	
2002	122	
2004	168	
2006	217	
2008	297	8
2009	324	16

Aus: *Hommerich/Kilian/Dreske*, Statistisches Jahrbuch der Anwaltschaft 2009/2010, 2010, 98,100.

Mein Beitrag stammt aus „Sozietäten und andere Zusammenschlüsse rechts- und steuerberatender Berufe“, herausgegeben von *Martin Henssler/Alexandra Mack/Klaus Olbing/Herbert Olgemöller/Michael Streck*, Beratungsakzente Nr. 26, 1999, S. 9 ff., Beitrag von *Martin Henssler* zur interprofessionellen Zusammenarbeit von Rechtsanwälten, Steuerberatern und Wirtschaftsprüfern; *Streck*, S. 23 ff., Die Sozietät im Rahmen sonstiger Kooperationsformen; *Streck*, S. 39 ff., Sozietät: Gestaltungsfragen, S. 43 Rz. 32: Hinweis auf den Beratungsakzent: Um die zwingende Notwendigkeit des Vertrags zu begreifen, sollte man sich § 727 Abs. 1 BGB vor Augen halten. Stirbt ein Partner und gibt es keine Fortführungsklausel, so können die Erben – zwingend – die Liquidation der Sozietät betreiben.

Über die Unternehmenskultur einer Anwaltssozietät habe ich in der Festschrift für Benno Heussen, 2009, 25, geschrieben.

Benno Heussen, Anwalt und Mandant, 1999, S. 130 f., zur Gewinnverteilung: „Ein noch größeres Geheimnis als der Sozietätsvertrag ist die Gewinnverteilung innerhalb der Sozietät. Hier gibt es eine Vielzahl unterschiedlicher Modelle, die von der Struktur des jeweiligen Büros abhängig sind. Bei manchen Sozietäten wird der Sozietätsanteil käuflich von den älteren Partnern erworben und kann beim Ausscheiden wieder verkauft werden (natürlich nur an vorhandene Partner), in anderen Fällen gibt es statt dessen Pensionsverpflichtungen, die die jüngeren gegenüber den älteren eingehen, manche Sozietäten verteilen den Gewinn eng angelehnt an den wirtschaftlichen Erfolg einzelner Partner, andere lehnen das völlig ab und verteilen konsequent nach Köpfen, wenn ein bestimmtes Lebensalter erreicht ist. Aus USA habe ich von dem seltenen Fall gehört, dass der jeweils älteste Partner nach Rücksprache mit dem Managing-Partner allein die Gewinnverteilung für ein Jahr regelt, dieses Recht aber verliert, wenn seine Regelung von der Mehrheit aller Partner (zu denen auch die jüngsten gehören) abgelehnt wird. Der damit verbundene Prestigeverlust ist offenbar so groß, dass dieser Fall noch nie eingetreten war. Man kann sich natürlich denken, dass dieser Seniorpartner viel Zeit in Einzelgespräche investiert hat, um sicherzugehen, dass seine Entscheidung allgemein akzeptiert wird. Offenbar lohnt sich diese Mühe aber.

Von den vielen Variationen haben sich zwei Modelle herausgestellt, die überwiegend benutzt werden.

a. Der Gewinn, der zu verteilen ist, wird auf eine der Zahl der Partner entsprechende Punktzahl aufgeteilt, die jungen Partner erhalten jedes Jahr eine höhere Punktzahl (und zwar in der Regel unabhängig von ihrer jeweiligen Leistung), und wenn die Höchstpunktzahl erreicht ist, erhalten die Partner, die dort angekommen sind, alle den gleichen Anteil …

b. Bei einem anderen Modell wird zwar ebenfalls nach Punkten vorgegangen, diese aber nach drei Kriterien verteilt, nämlich der Zugehörigkeit zum Büro (Zeitfaktor), dem erreichten Umsatz (manchmal abzüglich besonderer Kosten) und einem dritten Teil, über den die Partner gemeinsam frei entscheiden können …“

Gleiss, Soll ich Rechtsanwalt werden?, 3. Aufl., 1992, S. 80: „Mindestens zwei- oder dreimal im Berufsleben des Verfassers kam es vor, dass ein Mandant ihm unter vier Augen z. B. sagte: „Ihre Liquidation über DM 6.000,– ist okay. Hier haben Sie vier Tausendmarkscheine. Eine Quittung brauche ich nicht. Sie sparen die Einkommensteuer!“ Das sollte kein Anwalt mitmachen, nicht etwa nur, weil er in die Hand eines Erpressers fallen könnte. Das Risiko muss der Einzelanwalt selber sehen. Ein Sozius kann so was nicht machen; je mehr Partner er hat, desto weniger. Mit denen müsste er teilen, wenn er nicht – außer dem Finanzamt – auch sie täuschen wollte. In einer großen Sozietät kommt der Schwarzgeld-Fall überhaupt nicht vor."

Thema Großsozietät: Partner oder Beamter. In Juve Rechtsmarkt, Oktober 1999, S. 20, konnte man lesen:

> „Oppenhoff ernennt neue Partner
> Oppenhoff & Rädler Linklaters & Alliance hat auf ihrer Partnerversammlung am 17./18.9. mit Wirkung zum 1.1.2000 sechs weitere Partner und zehn Juniorpartner ernannt …"

Ernennung zum Partner … Erinnert das nicht an die Ernennung zum Regierungsdirektor, zum Abteilungsleiter? Spiegelt sich hier in der Sprache nicht bereits eine bürokratische Organisation wider, die eigentlich unanwaltlich ist?

Gesellschaft und Anwaltsprofession

Die Anwältin

Zulassung von Rechtsanwältinnen?

Dazu aus den „Verhandlungen der 14. Vertreterversammlung des Deutschen Anwaltvereins am Sonnabend, den 28. und Sonntag, den 29. Januar 1922 zu Braunschweig … Stenographischer Bericht …" (Auszug)

„Wir kommen nun zu Punkt 6 der Tagesordnung: Zulassung der Frauen zum Richteramt und zur Rechtsanwaltschaft. Berichterstatter Justizrat Dr. Bieber (Berlin) … (spricht sich für die Zulassung aus) … Mitberichterstatter Rechtsanwalt Dr. Ebertsheim (Mannheim): „Meine sehr verehrten Herren! Als unter den Stürmen der Revolution unsere alte Staatsordnung zusammenbrach, da fiel den Frauen das aktive und passive Wahlrecht in den Schoß. Man kann sagen, es war keine reife Frucht, sondern mehr ein Lotteriegewinn. Seit Anfang des Jahrhunderts hatten Bestrebungen eingesetzt, den Frauen alle Berufe zugänglich zu machen. Das wurde als Ziel gesetzt, das man langsam zu erreichen suchte. Nebenher ging eine radikale Bewegung, die das Wahlrecht haben wollte. Das wurde aber von der anderen Seite als Utopie angesehen, es sei geeignet, die ruhige Bewegung zu diskreditieren … Wir wollen zunächst kurz prüfen, wie die Rechtsfrage ist. Handelt es sich hier um die Erfüllung eines Wunsches oder eines Rechtsanspruches der Frauen? Diejenigen, die da meinen, es handele sich um einen Rechtsanspruch, stützen sich auf die Art. 109 und 128 der Verfassung. Art. 109 sagt:

> Alle Deutschen sind vor dem Gesetze gleich.
> Männer und Frauen haben grundsätzlich dieselben staatsbürgerlichen Rechte und Pflichten.

Und Art. 128 sagt:

> Alle Staatsbürger ohne Unterschied sind nach Maßgabe der Gesetze und entsprechend ihrer Befähigung und ihren Leistungen zu den öffentlichen Ämtern zuzulassen.

Daraus kann aber meines Erachtens nichts gefolgert werden. Dass alle Deutschen vor dem Gesetz gleich sind, ist nach dem berühmten Rechtslehrer Anschütz nichts als ein wohlklingender Anspruch, der auch schon in der alten Verfassung steht. Es soll nicht gesagt werden, dass alle Deutschen gleich sind, sondern nur, dass das Gesetz keinen Unterschied in der Anwendung des Gesetzes macht ... Die Frage ist lediglich die: Verlangt oder verbietet das Interesse der Rechtspflege die Zulassung der Frauen zum Richter- und Anwaltsberuf? Da bin ich mit Herrn Kollegen *Bieber* vollkommen einig darin, dass lediglich das Interesse der Allgemeinheit und der Rechtspflege ausschlaggebend ist und sonst gar nichts.

Bei Beantwortung dieser Frage komme ich nun zu dem Ergebnis, dass die Frauen sich zum Justizberuf nicht eignen. Ich bitte Sie, hierbei nicht auf die Ausnahmen zu blicken, sondern auf den Durchschnitt. Sonst können wir diese Frage nicht lösen. Ich sprach einmal mit einem Gynäkologen, der Vorsteher einer Frauenklinik ist; er sagte mir: Ich habe sehr schlechte Erfahrungen mit Ärztinnen gemacht, aber ich möchte nicht ungerecht sein, ich habe einmal eine gute Erfahrung gemacht, aber die Ärztin war keine Frau. Mit derartigen Ausnahmeerscheinungen haben wir uns also nicht zu befassen, sondern haben die Frage zu beantworten:

Eignet sich die Durchschnittsfrau zum Justizberuf oder nicht? Und da sage ich: Die Frau ist anders geartet als der Mann. Dieser einfache Satz wird nicht bestritten. Ich sage nicht: sie ist geringer geartet, ich bestreite eine Inferiorität der Frau. Die Natur hat sie anders geschaffen, weil sie ihr einen bestimmten Zweck gegeben hat. Ihre körperliche und psychische Verfassung geht dahin, dass sie Kinder ernähren und aufziehen kann. Das rein Mütterliche ist das Charakteristische der Frau, und das gibt ihr die überwiegenden Gefühlsmomente, was wir als schönen Schmuck bei ihr schätzen und anerkennen. Damit setzen wir die Frau nicht herab. ...

Dazu kommt ein anderes. Das ist der Einfluß gewisser Vorkommnisse im Frauenleben. So habe ich es in meinem Antrage ausgedrückt. Wenn jemand eine andere Fassung vorschlagen kann, so bin ich dafür dankbar. Wer will bestreiten, dass die Frauen in solchen Zeiten körperlich weniger widerstandsfähig sind! Abgesehen von dieser Herabminderung der körperlichen Leistungsfähigkeit bleibt die Beeinträchtigung der weiblichen Psyche. Da heißt es: die Augen zumachen, wenn man bestreiten will, dass die Frauen in diesen Tagen weniger widerstandsfähig, gereizt und empfindlich sind, dass sie in eine Art anormalen Zustand geraten. Das sind Wahrnehmungen, die wir Laien machen … (und so weiter und so weiter) … (bis zu dem Ergebnis):

Vorsitzender: Wir kommen zum Antrag *Bieber*. Da ist beantragt, über diesen Antrag namentlich abzustimmen.
(Die namentliche Abstimmung wird abgelehnt.)
Nunmehr lasse ich abstimmen über den Antrag *Bieber*.
(Der Antrag wird nach Probe und Gegenprobe abgelehnt.)
Nun kommt der Antrag *Ebertsheim*:
Die Vertreterversammlung wolle beschließen:
Die Frau eignet sich nicht zur Rechtsanwaltschaft oder zum Richteramt. Ihre Zulassung würde daher zu einer Schädigung der Rechtspflege führen und ist aus diesem Grunde abzulehnen.
(Der Antrag wird mit 45 gegen 22 Stimmen angenommen.)“

Der eher peinliche Widerstand des DAV nutzte nichts. Aus dem Text von *Clemens*, S. 20: „Im Jahr 1922 legte dann der damalige Reichsjustizminister *Gustav Radbruch* seine Gesetzesvorlage. … nach mehreren Eingaben aller großen Frauenverbände, mehreren Anläufen im Reichsrat und im Reichstag „unter starkem Widerstand im eigenen Ressort“ für die Zulassung der Frauen zu den Ämtern und Berufen der Rechtspflege vor, die im Juli 1922 mit großer Mehrheit gegen die Stimmen der Vertretung des Freistaats Bayern angenommen wurde.“ *Winy Clemens*, Vorkämpferin der Frauen in der Anwaltschaft, 12 Jahrzehnte MAV, herausgegeben vom Münchener Anwaltverein, 2000.

Aus dem „Gesetz über die Zulassung der Frauen zu den Ämtern und Berufen der Rechtspflege“ vom 11. Juli 1922 (RGBl. I vom 21.7.1922, 573):

„Der Reichstag hat das folgende Gesetz beschlossen, das mit Zustimmung des Reichsrats hiermit verkündet wird:

Artikel I

Die Fähigkeit zum Richteramte kann auch von Frauen erworben werden.
Ebenso können Frauen zu Handelsrichtern, Amtsanwälten, Gerichtsschreibern und Gerichtsvollziehern ernannt werden ...
...
Freudenstadt, den 11. Juli 1922.
Der Reichspräsident
Ebert
Der Reichsminister der Justiz
Dr. Radbruch“

Zu dieser ganzen Unsäglichkeit s. auch *Ostler*, Die deutschen Rechtsanwälte, 2. Aufl. 1982, 169 ff.

Zu den „diskriminierten Anwältinnen“ in den 80er Jahren siehe den Kommentar von *Herta Däubler-Gmelin*, BRAK-Mitt. 1988, 111, zu einer vom DAV und vom Bundesjustizministerium finanzierten Untersuchung über die Berufssituation der seit 1980 neu zugelassenen Anwälte (AnwBl. 1988, 105). Die Diskriminierung lässt sich hier noch deutlich belegen. Seitdem sind rund 15 Jahre vergangen. In diesen 15 Jahren hat sich, was die Anerkennung der Anwältin anbelangt, viel getan. Der gewerbliche Mandant, der nach *Hommerich* damals nur mit Zurückhaltung mit einer Anwältin zusammenarbeiten wollte, lebt als schrumpfende Minderheit fort.

Marianne Grabrucker befasst sich in AnwBl. 1988, 613, mit dem Thema „Die Rechtssprache ist männlich“. „Anläßlich der Wahl einer Frau in den böhmischen Landtag 1912 entspann sich ein juristischer Disput um das Problem, ob diese Frau überhaupt in den Landtag einziehen könne, hieß es doch im damals geltenden Gesetz von 1861: „Als Landtagsabgeordneter ist jeder gewählt, der ...“ Da sie nun aber eine Frau sei, träfe das Gesetz seinem Wortlaut nach gar nicht zu ...“ Diese Linie behält der Gesetzgeber mit großem Beharrungsvermögen bei, weil Anwälte eben dieses große Beharrungsvermögen haben. Als der Beruf der Hebammen auch für den Mann 1985 geöffnet wurde, beließ es der Gesetzgeber hier nicht bei dem Begriff der Hebamme, sondern er fand den Entbindungspfleger. S. 614: Sprachlich „sicherten sich in den vergangenen Jahrhunderten die Männer in jeder Beziehung den absoluten Machtanspruch über Frauen. Daher kennen als Resultat dieser Entwicklung die unsere rechtliche Begriffswelt prägenden Gesetze der Jahre 1871 bis 1900 nur noch das männliche Rechtssubjekt, denn handelnd im allgemeinen Rechtsverkehr waren fast ausschließlich Männer ... Demzufolge waren ausschließlich Männer diejenigen, die Verträge schlossen und ganz allgemein in Rechtsbeziehungen traten. Es ist folgerichtig, dass in damaligen Gesetzen nur Käufer und Verkäufer, Schuldner und Gläubiger als handelnde Personen auftreten und nur männliche Rechtsformen verwendet wurden. Juristischer Sprachgebrauch und gesellschaftliche Wirklichkeit fanden sich in Übereinstimmung." Dies galt damals auch für Anwälte. S. 614: „Linguistinnen in den USA und Deutschland ... wiesen in ihren wissenschaftlichen Forschungen der letzten zehn Jahre nach, dass Sprache sehr genau als Ausdruck des Gedachten, das Spiegelbild unseres gesellschaftlichen Geschlechterverhältnisses ist und sich in ihr die besonderen sozialen Zusammenhänge von Dominanz des Mannes, Unterordnung und Zurücksetzung der Frau ausdrücken." Dies auch zu den über jedem Gesetz schwebenden Gedanken „im Sinne des Gesetzes ist die Frau ein Mann". S. 616: „Unter Geltung von Art. 3 Abs. 2 GG kann die Definition allein der Frau über den Mann nicht weiter hingenommen werden. Soll dieser Grundsatz ernst genommen werden, dann hat für beide Geschlechter Gleiches zu gelten. Männer werden hier nicht gleichbehandelt, denn sie erfahren in keinem Gesetz eine Definition über die weibliche Form einer Personenbezeichnung. Solange aber Frauen über Männer definiert werden, nicht jedoch Männer auch über Frauen, ist eine Gleichbehandlung der Geschlechter in der Gesetzessprache nicht gegeben."

Am 29.1.1887 wurde in der Schweiz der erste Antrag einer Juristin, der *Emily Kempin*, als Anwältin zugelassen zu werden, abgelehnt. Das schweizerische Bundesgericht erkannte: „Wenn nun die Rekurrentin auf Artikel 4 Bundesverfassung abstellt (Jeder Schweizer sei vor dem Gesetze gleich ...) und aus diesem Artikel scheint folgern zu wollen, die Bundesverfassung postulire die volle rechtliche Gleichstellung der Geschlechter auf dem Gebiete des gesammten öffentlichen und Privatrechts, so ist diese Auffassung ebenso neu wie kühn; sie kann aber nicht gebilligt werden ...". 1898 konnten in der Schweiz Juristinnen als Anwältin zugelassen werden; der Gesetzgeber hatte eingegriffen. Der Kampf um die Gleichberechtigung der *Emily Kempin*, einer Nichte von *Johanna Spyri*, ihr

Scheitern, Anwältin zu werden, ist in dem biographischen Roman von *Evelin Hesler*, Die Wachsflügelfrau, 16. Aufl., 1998, geschildert.

Das erwähnte Referat von *Karsten Sommer* zum „Grünen Recht“ ist veröffentlicht in Forum des Deutschen AnwaltVereins „Zukunft der Anwaltschaft“, 1.–3.10.1998, Sonderheft zu AnwBl. 2/2000.

§ 12 Abs. 4 BRAO („Einführung der Rechtsanwältin“) erfolgte durch Gesetz vom 26.3.2007, BGBl. I, 358.

Anzahl der Rechtsanwältinnen von 1925 bis 2009 (Auszug)

Jahr	**Rechtsanwältinnen**	**Anzahl an der Gesamtanwaltschaft (in %)**
1925	43	0,3
1970	1.035	4,5
1980	2.756	7,0
1990	8.537	15,1
1995	14.332	19,3
2000	25.589	24,6
2009	46.736	31,0

Aus: *Hommerich/Kilian/Dreske*, Statistisches Jahrbuch der Anwaltschaft 2009/2010, 2010, 27.

JUVE berichtet im Heft 7/2010, S. 41 über die „Frauenquote“ bei Equity-Partnern in den zehn umsatzstärksten Kanzleien: Sie hat eine Spannbreite von 2,4 % (Hengeler/Müller) bis 14,5 % (Clifford Chance).

2004 wurde auf dem Anwaltstag in Hamburg die Arbeitsgemeinschaft Anwältinnen im DAV gegründet. Erste Vorsitzende wurde Rechtsanwältin Mechthild Düsing aus Münster (siehe AnwBl. 2004, 202). Dazu *Ingrid Groß* aus Augsburg „Haben wir das nötig“, AnwBl. 2004, 348. Auf Anregung dieser Arbeitsgemeinschaft hat der Vorstand des DAV am 1.10.2009 den Maria-Otto-Preis geschaffen. Dr. Maria Otto war 1922 die erste durch das Bayerische Staatsministerium der Justiz zugelassene Rechtsanwältin in Deutschland. Erste Preisträgerin wurde 2010 Rechtsanwältin Dr. Gisela Wild aus Hamburg, die ua. 1983 das Volkszählungsgesetz zu Fall gebracht hat.

Und zum Schluß noch: *Mechthild Düsing*, Frauen in der Anwaltschaft, eine Machtfrage.

Wirkungskraft der Anwälte Anwältinnen in der Gesellschaft

Zum Übersehen und Übergehen der Anwälte bei staatstragenden Veranstaltungen s. z. B. Bundesministerium des Inneren (Hrsg.), Bewährung und Hausforderung, Die Verfassung vor der Zukunft, Dokumentation zum Verfassungskongress „50 Jahre Grundgesetz – 50 Jahre Bundesrepublik Deutschland“, 1999: Kein Anwalt durfte sich des Themas annehmen, in welcher Weise Anwältinnen und Anwälte die Verfassungswirklichkeit gestaltet haben.

Benno Heussen, Anwalt und Mandant, 1999, S. 5 ff.: „Noch heute ist der Beitrag der Rechtsanwälte zum Rechtssystem in Deutschland so wenig präsent, dass *Uwe Wesel* in seiner 1997 erschienenen „Geschichte des Rechts“, nicht einmal ein Stichwort für uns übrig hat. Dieses Buch, das „von den Frühformen bis zum Vertrag von Maastricht reicht“, räumt Detailproblemen, wie den Brautpreisschulden in Afrika oder Babylonien, immerhin einige Seiten ein. Dass die Anwälte seit über 1000 Jahren ihren Beitrag zur Rechtskultur leisten, würde man in einem solchen Buch gern beschrieben finden – von den Leistungen der Anwälte, die als Parlamentarier tätig sind, den Verbandsanwälten und vielen anderen mittelbaren Einflüssen der Anwaltschaft ganz abgesehen.“ *Uwe Wesel* hat später diesen Mangel behoben (jetzt 3. Aufl., 2006).

Auch die Juristinnen übersehen die Anwältinnen gerne. In der Schrift des Deutschen Juristinnenbundes, Juristinnen in Deutschland, 4. Aufl., 2003, spielen Anwältinnen keine Rolle. Der Begriff fehlt in der Gliederung und im Sachverzeichnis. Von den nachgezeichneten elf Lebensbildern haben allerdings drei eine beruflich tätige Anwältin zum Gegenstand. Auch in der vom Deutschen Juristenbund veröffentlichten Disertation „Juristinnen – Lexikon zu Leben und Werk –“, 2005, von *Marion Rowekamp* werden Rechtsanwältinnen als soziale Gruppe nicht erkannt. Der Anteil der vorgestellten Rechtsanwältinnen ist jedoch bemerkenswert hoch.

Hartmut Kilger, „Der Anwalt verändert die Gesellschaft“, Plenarvortrag auf dem Mainzer DAV-Forum, Sonderheft AnwBl. 2/2000, 33. *Kilger* betrachtet das ihm vorgegebene und von ihm gewählte Thema als Provokation. „Dass das gesetzte Thema eine Provokation darstellt, kann täglich immer neu verifiziert werden. Die gesprächsweise

Konfrontation eines Anwaltskollegen beliebiger Prägung und mit dem vorgestellten Thema ruft zunächst abwehrende Reaktion hervor. Das gilt erst recht, wenn man den Fehler begeht, mit Angehörigen anderer Berufsgruppen das Gespräch zu beginnen. Man wird in aller Regel nur Hohn über die Selbstüberschätzung der Anwälte ernten, bis hin zum Spott über das Thema und seine Plattheit ..." *Kilger* grenzt sich von dem Rettungsversuch ab, auf Anwälte hinzuweisen, die im politischen Bereich tätig waren und tätig sind. „Damit gerät das Gespräch jedoch vom Thema weg, nämlich zum Einfluss der Anwälte in der Politik und ihrem dort oft gegensätzlichen Einfluss bis hin zur Bemerkung, Revolutionen in Deutschland seien möglicherweise hauptsächlich daran gescheitert, dass an ihr zu viele Anwälte beteiligt waren." Er kommt zu der Erkenntnis, dass die Bearbeitung jeder Rechtsangelegenheit die Veränderung der Gesellschaft zur Folge habe. „Wer klaglos auf dem ihm zugewiesenen gesellschaftlichen Stand verharrt, ändert an seinen Verhältnissen nichts; wer indessen mit seiner gesellschaftlichen Einordnung unzufrieden ist und auf Änderung sinnt, verändert – im Kleinen – die Gesellschaft dadurch, dass er eine Änderung dieser Einordnung durchsetzt. Verändern viele Individuen ihre Einordnung, dann verändert sich das Bild der Gesellschaft. Denn es geht ja nicht nur um die Frage, wer in der Hackordnung oben und wer unten ist; denn sonst könnte der Standpunkt vertreten werden, unsere heutige Gesellschaft sei in Wahrheit willkommen statisch, es ändere sich nur hin und wieder das Personal. Tatsächlich ist die Gesellschaft aber die Summe aller Verhältnisse und Anschauung. Änderungen vieler Individuen bewirken eine Veränderung der Gesellschaft ... (damit ...) ... ist zunächst offenkundig, was das gestellte Thema meint: wer Rechtsangelegenheiten bearbeitet, verändert allein schon dadurch die Gesellschaft." „Damit ergibt sich zunächst, was der Ideengeber des heutigen Themas meint: Hat z. B. *Kleine-Cosack* beim Bundesverfassungsgericht das Anliegen seiner anwaltlichen Mandanten am 14.7.1987 durchgesetzt, so hat er damit die Gesellschaft verändert. Natürlich haben die Bundesverfassungsrichter das Urteil geschrieben; und natürlich mussten sich die Antragsteller und Kläger zum Verfahren entschließen. Aber zunächst musste einmal der richtige Fachkenner der Materie gefunden werden, der vom Individuum dringend benötigte Spezialist, wobei es bei diesen nicht nur auf Fachkenntnisse, sondern insbesondere auf Kreativität ankam." „Alle rechtliche Tätigkeit führt zur Neuorientierung der in der Gesellschaft eingepassten Individuen, selbst dann, wenn der Rat des Fachmanns bei den Individuen die Erkenntnis gefördert hat, es in diesem, im einzeln besprochenen Punkt, bei der vorhandenen Einordnung zu belassen." Es folgt das Beispiel vom in meinem Text aufgenommenen Mütterlein.

Kilger könnte § 1 BRAO wie folgt fassen: „Der Rechtsanwalt ist unabhängig. Er ist Organ der Rechtspflege und Ferment der Gesellschaft zugleich ... Die Tätigkeit des Anwalts dient der in der Demokratie notwendigen ständigen Veränderung der Gesellschaft."

Der Gebührenabschlag Ost ist durch die Entscheidung BVerfG v. 28.1.2003 1 BvR 487/01, AnwBl. 2003, 175 gefallen; dazu das Interview mit *Karin Meyer-Götz*, AnwBl. 2003, 152.

Die Entscheidung zum Volkszählungsurteil vom 15.12.1983, 1 BvR 2009/83 ua. ist in BVerfGE 65, 1 veröffentlicht.

Soziales Engagement

Thomas F. Gibbons, AnwBl. 1990, 282, 285, schildert die Gefahr des Ausbrennens von Anwältinnen und Anwälten durch ein Übermaß an Arbeit. Für Anwaltsbüros könne der Ausweg darin liegen, in höherem Maße pro bono-Aktivitäten anzubieten. Dies ermöglichte den Anwälten die Möglichkeit eines Tempowechsels. „Pro bono-Mandate werden auch im wachsenden Umfang helfen bei der Verbesserung des Ansehens des Berufsstands. Die Anwaltskammer übt jetzt erheblichen Druck auf Rechtsanwälte und ihre Firmen aus, mehr pro bonoMandate anzunehmen. Das wird zunehmen, besonders weil Rechtsanwälte im wachsenden Maße um ihr Ansehen besorgt sind. Es mag extrem klingen, aber pro bono-Mandate sind gute Public Relations für eine Firma, und das ist gut fürs Geschäft. ..."

Zur pro bono-Tätigkeit Hinweis auf die Dissertation von *Borbála Dux*, Die pro bono-Tätigkeit des Anwalts und der Zugang zum Recht – Übertragbarkeit eines US-amerikanischen Modells auf Deutschland?, Schriftenreihe des Instituts für Anwaltsrecht, 2011, Köln; *ders.*, Anwaltliche pro bono-Tätigkeit in Deutschland, AnwBl. 2011, 90.

Die Solidarisierung der Anwaltschaft – der Deutsche AnwaltVerein

Zur Geschichte des DAV siehe insbesondere *Fritz Ostler*, Die deutschen Rechtsanwälte, 2. Aufl., 1982, 86 ff., 221 ff., 330 ff.

Alfred Gleiss, Soll ich Rechtsanwalt werden?, 3. Aufl., 1992, S. 85: Hier findet sich die Aufforderung an den jungen Anwalt „Gleich in den Anwaltverein". Zur Bedeutung des Deutschen Anwaltvereins *Heussen*, Anwalt und Mandant, 1999, S. 42 f.

Felix Busse in seiner Ansprache zu 125 Jahre DAV, Bamberg, AnwBl. 1996, 498, 499, zum Verhältnis Kammern/DAV. „Sicherlich lässt sich auch darüber streiten, welches diese Bereiche sind (die dem DAV, die den Kammern zuzuordnen sind). Was den Sektor der Rechts- und Berufspolitik angeht, sollte man sich bewusst machen, was Sache eines Verbandes sein kann, der auf der freiwilligen Mitgliedschaft seiner Mitglieder beruht, und was es für eine Körperschaft bedeutet, dass ihre Angehörigen ihr kraft Gesetzes, ob sie wollen oder nicht, angehören müssen. Daraus entnehme ich, dass alle Meinungsäußerungen problematisch sind, in denen sich Rechtsanwaltskammern nicht namens ihrer Gremien, sondern namens der in ihr vereinigten Mitglieder zu Fragen äußern, die innerhalb der Kollegenschaft umstritten sind und die sich deswegen zwangsläufig als Äußerung für die Interessen bestimmter Kreise gegen die Interessen anderer Kreise der Anwaltschaft darstellen müssen. Nur in einem Verband, dem angehören zu wollen jedes Mitglied frei entscheiden kann, kann die Willensbildung zu strittigen Fragen durch Mehrheitsentscheidung entschieden werden. Für uns heißt das: Die Mitglieder des DAV, auch die Überstimmten, tragen die Entscheidung der Mehrheit mit oder treten, wenn sie dies nicht wollen, aus. Das legitimiert den DAV, sich bei seinen Meinungsäußerungen auf seine Mitglieder zu berufen, also für diese zu sprechen. Dies war der Grund, weswegen – ich zitiere wieder *Ostler* – der DAV vor dem Zweiten Weltkrieg als Vertretung des Berufsstands der Rechtsanwälte in Deutschland angesehen worden ist. Das gilt aus den gleichen Gründen auch heute noch und zeigt, dass der DAV mehr denn je für die Artikulierung der Meinungsbildung in der deutschen Anwaltschaft unverzichtbar ist."

Das Anwaltsblatt, die „Vereinszeitschrift" des DAV erschien erstmals im Januar 1914 (vgl. *Nicolas Lührig*, AnwBl. 2004, 33).

Stichwortverzeichnis